ernst reinhardt verlag

AF629607

Kathrin Mahlau • Sylvia Herse

Sprechen, Spielen, Spaß – sprachauffällige Kinder in der Grundschule fördern

Mit 22 Abbildungen und 6 Tabellen
Mit 171 Übungen und Online-Zusatzmaterial

2., durchgesehene Auflage

Ernst Reinhardt Verlag München

Prof. Dr. *Kathrin Mahlau*, Sprachheilpädagogin, ist als Professorin für Sonderpädagogik und Inklusion an der Universität Greifswald tätig.

Sylvia Herse, Sonderpädagogin, ist als Schulleiterin an der Grundschule Röbel (Müritz) im Landkreis Mecklenburgische Seenplatte tätig.

Im Ernst Reinhardt Verlag ebenfalls erschienen:

Kathrin Mahlau/Sylvia Herse:
Sprechen, Spielen, Spaß. 22 Spielpläne für die Förderung sprachauffälliger Kinder (2017, ISBN: 978-3-497-02730-9)

Kathrin Mahlau:
Screening grammatischer Fähigkeiten für die 2. Klasse (SGF 2).
Manual (2016, ISBN: 978-3-497-02586-2)
Testheft (2016, ISBN: 978-3-497-02587-9)

Bibliografische Information der Deutschen Nationalbibliothek

Die Deutsche Nationalbibliothek verzeichnet diese Publikation in der Deutschen Nationalbibliografie; detaillierte bibliografische Daten sind im Internet über <http://dnb.d-nb.de> abrufbar.
ISBN 978-3-497-03239-6 (Print)
ISBN 978-3-497-61821-7 (PDF-E-Book)
ISBN 978-3-497-61822-4 (EPUB)

2., durchgesehene Auflage

Printed in EU
Satz: Sabine Ufer, Leipzig

Ernst Reinhardt Verlag, Kemnatenstr. 46, D-80639 München
Net: www.reinhardt-verlag.de E-Mail: info@reinhardt-verlag.de

Inhalt

Zusatzmaterialien

Zur Benutzung der gesamten Sammlung der Förderideen benötigen Sie zwei Dinge:

1. Online-Zusatzmaterialien (Kopiervorlagen zu den einzelnen Förderbereichen, Fragebögen, Förderplan, Spielbeschreibungen zu den Spielvorlagen und vieles mehr) können Leserinnen und Leser dieses Praxisbuchs auf der Homepage des Ernst Reinhardt Verlags unter http://www.reinhardt-verlag.de herunterladen. Das Online-Zusatzmaterial ist passwortgeschützt, das Passwort zum Öffnen der Dateien finden Sie am Ende des Buches.

2. Spieleset, das gesondert zum Buch erhältlich ist:
Sprechen, Spielen, Spaß. 22 Spielpläne für die Förderung sprachauffälliger Kinder. Farbig und zum Ausmalen im DIN A3-Format (2017, ISBN: 978-3-497-02730-9).

Hinweise zur Verwendung der Icons:

Literaturempfehlungen

CD-Empfehlungen

Website-Empfehlungen

Online-Zusatzmaterial

Spielvorlage mit Raupe Rauli

Einführung

Die Entwicklung der sprachlichen Fähigkeiten gehört zu den zentralen Entwicklungsaufgaben im Kindesalter. Sprache brauchen wir, um uns mit anderen Menschen zu verständigen. Wir müssen die richtigen Begriffe kennen und verstehen, die Wörter korrekt aussprechen und sie in einem Satz korrekt anordnen können. Wir benötigen Kenntnisse darüber, wie wir ein Gespräch beginnen und beenden und die Fähigkeit, unseren Tonfall sowie unsere Wortwahl auf den Gesprächspartner einzustellen.

Viele Kinder lernen das Sprechen scheinbar mühelos. Wenn sie in die Schule kommen, werden alle Laute und Lautverbindungen der Muttersprache beherrscht, mehrere tausend Wörter verwendet und noch weitaus mehr verstanden, komplexe Sätze werden gebaut und es wird mit anderen Menschen freudvoll kommuniziert.

Doch nicht jedes Kind erlernt diese komplexe Fähigkeit ohne Probleme. Im Schulalter haben ungefähr 8% aller Kinder eine sogenannte spezifische Sprachentwicklungsstörung (DIMDI 2013). Bezieht man diese Angabe auf eine inklusive Schulklasse, dann lernen ein bis zwei Kinder mit einer Sprachentwicklungsstörung in jeder Klasse. Dies erscheint zunächst nicht viel. Allerdings haben auch andere Kinder Probleme beim Sprechenlernen, beispielsweise Kinder mit Migrationshintergrund, mit Lern- und Verhaltensauffälligkeiten oder aus bildungsfernen, anregungsarmen Familien. Somit erhöht sich die Anzahl der Kinder mit sprachlichen Auffälligkeiten deutlich. Fischbach et al. (2013) gehen davon aus, dass fast ein Drittel aller Kinder im Grundschulalter schulische Schwierigkeiten aufweist. Nicht wenige davon haben Probleme, Aufgabenstellungen zu erfassen und sich sprachlich korrekt auszudrücken.

Da die Sprache auch für andere Bereiche, wie die kognitive, emotionale und soziale Entwicklung, eine erhebliche Rolle spielt, sind Kinder mit einer Störung der Sprachentwicklung in ihrem schulischen und sozialen Lernen deutlich benachteiligt. Darüber hinaus haben die betroffenen Kinder ein hohes Risiko, Nachfolgeprobleme zu entwickeln (Amorosa 2008; Grimm 2003; Noterdaeme 2008). Im Unterricht einer inklusiven Klasse müssen demnach die Lehrkräfte sowohl über die eigentlichen Sprachauffälligkeiten als auch über Möglichkeiten einer unterrichtsimmanenten Förderung Bescheid wissen. Ziel einer jeden sprachlichen Förderung ist die Herstellung einer ausreichenden Kommunikationsfähigkeit, der Abbau von Symptomen einer Sprachentwicklungsstörung und die Verhinderung von Nachfolgeproblemen wie Lernschwierigkeiten und ein geringes Selbstvertrauen.

Im vorliegenden Buch wird praxisnah beschrieben, wie Kinder mit Sprachentwicklungsauffälligkeiten durch einfach im Unterricht umzusetzende Übungen und Spiele gefördert werden können. Nach einer kurzen Einführung darüber „Was jede Lehrkraft wissen sollte, um Sprache effektiv fördern zu können" (Kap. 1), erfolgt eine Erläuterung, wie der Sprachentwicklungsstand in einer ganzen Klasse und bei einzelnen Schülern festgestellt wird. Dafür können Fragebögen, die als Kopiervorlage online zur Verfügung stehen, verwendet werden. Um die Planung der sprachförderlichen Unterrichtsphasen zu erleichtern, wird ein Förderplan vorgestellt (Kap. 2). Für die Kinder mit Sprachentwicklungsauffälligkeiten können gezielt Übungen im Buch aufgesucht werden, die die Kinder beim Abbau der Symptomatik unterstützen (Praxishilfen Kap. 3 bis 7). Der Erfolg der Maßnahme wird durch ein wiederholtes Ausfüllen der Fragebögen überprüft.

Ein großer Teil der beschriebenen Spiele und Übungen sind von Sylvia Herse in langen Jahren ihrer Tätigkeit in Sprachheil- und Grundschulklassen, aber auch an Förderschulen mit lernbeeinträchtigten Kindern, erfolgreich eingesetzt worden. Es werden Materialien verwendet, die sich in einem ganz normalen Klassenraum befinden. Jede Übung kann ohne oder mit nur geringem Aufwand durchgeführt werden.

Zu Beginn der Kapitel erfolgt eine kurze Beschreibung der Auffälligkeiten, die auf den einzelnen Sprachebenen auftreten können, um den interessierten Lehrkräften den notwendigen fachlichen Hintergrund anzubieten.

Ziel dieses Buches ist es, Grundschullehrkräfte bei der Planung eines sprachförderlichen Unterrichtes zu unterstützen. Anhand der nachfolgend beschriebenen Praxishilfen wird beispielhaft aufgezeigt, wie Sprachförderung im Unterricht einer inklusiven Klasse gelingen kann.

Dabei wird aus Gründen der besseren Lesbarkeit für Personen und Berufsbezeichnungen die maskuline Form verwendet, wobei die feminine Form selbstverständlich mit eingeschlossen ist.

1 Was sollte jede Lehrkraft wissen, um Sprache effektiv fördern zu können?

1.1 Grundlagen: Aufbau der Sprache

Um Sprache im Unterricht effektiv fördern zu können, sollte eine Lehrkraft wissen, aus welchen Elementen Sprache aufgebaut ist.

Sprachebenen

In der Sprachheilpädagogik und in der Linguistik teilt man „Sprache" in vier größere Bereiche bzw. „Ebenen" ein (Abb. 1), um sie differenzierter beschreiben zu können (Homburg 1995). Die Beschreibung der Ebenen ist die Grundlage für das Ableiten von diagnostischen Maßnahmen und von Fördermaßnahmen.

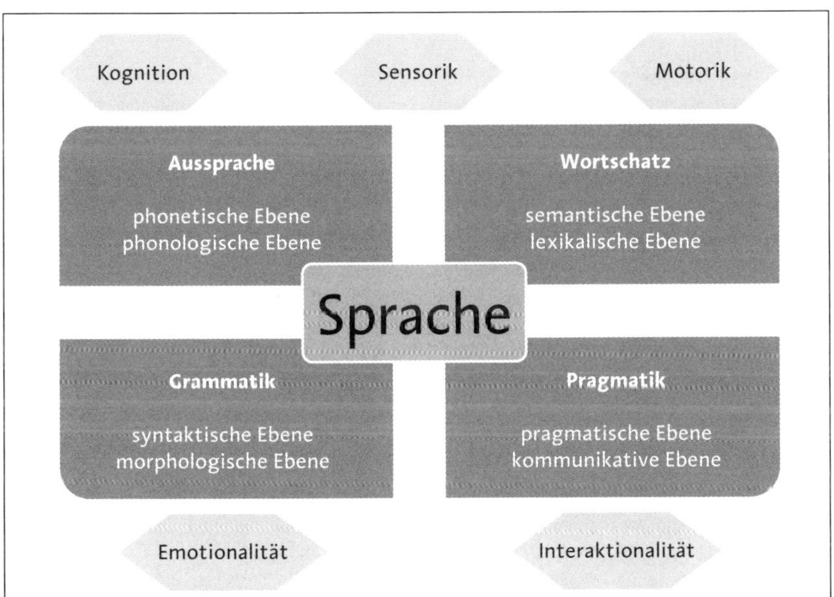

Abb. 1: Sprachliche Ebenen und Grundlagen

Wie Abbildung 1 zeigt, besteht Sprache im Wesentlichen aus den Ebenen der Aussprache, des Wortschatzes, der Grammatik und der Kommunikation.

Sprachverständnis und -produktion

Auf den vier Sprachebenen werden immer zwei Bereiche unterschieden, das Verständnis und die Produktion der entsprechenden sprachlichen Anforderung. Beim Sprachverständnis geht es darum, zu verstehen, was andere sagen, bei der Sprachproduktion um das Selbersprechen. So kann es sein, dass ein Kind Wörter gut versteht, aber diese nicht richtig und rechtzeitig abrufen kann. Dieses Kind hat ein ausreichendes Sprachverständnis, aber ein Problem in der Sprachproduktion im Bereich des Wortschatzes.

Ebene der Aussprache

Die Ebene der Aussprache wird in die beiden Bereiche der *Phonetik* und der *Phonologie* differenziert. Die Phonetik ist die motorische Realisierung der Sprechlaute, also die Bewegungsabfolge, mit der die einzelnen Laute und Lautverbindungen gebildet werden. So wird z. B. der Laut /t/ gebildet, indem die Zungenspitze hinter den Zähnen liegt und ohne Einbezug der Stimme (= stimmlos) weggeschnellt wird. In der Phonologie geht es um das Wahrnehmen und Unterscheiden von Lauten. Kinder mit Problemen in diesem Bereich verwenden z. B. Wörter nicht bedeutungsunterscheidend, sagen also „Tatze und Tatze" und meinen „Tatze und Katze", obwohl sie den Laut /k/ in anderen Wörtern richtig verwenden.

Ebene des Wortschatzes

Der Wortschatz unterscheidet ebenfalls zwei Bereiche, die *Semantik* und das *Lexikon*. Die Semantik beschäftigt sich mit der Bedeutung und dem Sinn von Wörtern und Sätzen. Beispielsweise ist das Wort „Auto" assoziiert mit „fahren".

Kinder müssen zudem die Wortformen (Wort- oder Lautgestalt) lernen, um diesen dann Bedeutungen zuordnen zu können. Dafür braucht das Kind das Lexikon. Das Lexikon bezieht sich auf den gespeicherten Wortschatz eines Menschen und hat eine inhaltliche Nähe zur Phonologie. Das Wort Ball besteht aus den drei Lauten /b/ – /a/ – /l/.

Ebene der Grammatik

Auch auf der Sprachebene der Grammatik unterscheidet man zwei Bereiche, die *Morphologie* und die *Syntax*. Beides ist eng miteinander verbunden. Das Kind erwirbt die Fähigkeit, Worte zu Sätzen zusammenzustellen (Syntax) und Worte zu verändern (Morphologie). Die Syntax stellt die grammatikalischen Regeln einer Sprache dar. Die Wörter müssen in einer geordneten Folge an bestimmten Positionen eines Satzes stehen. Es können dadurch beliebig viele neue Sätze gebildet werden.

In der Morphologie geht es um den internen Aufbau von Wörtern. Die Morphologie beschäftigt sich mit den Flexionen (Deklination und Konjugation) und Wortbildungen (Derivation und Komposition). Dies meint z. B. das Bilden der Pluralmarkierungen: ein Auto – viele Autos.

Im Bereich der Pragmatik unterscheiden sich die *Kommunikation* im engeren

Sinne und die *Pragmatik*. Die Sprache hat einen kommunikativen Zweck. Sich mit anderen Menschen auszutauschen, ist die wichtigste Funktion von Sprache. Die Kommunikation besteht aus verbalen, nonverbalen, emotionalen und situativen Komponenten. Kinder erwerben im Laufe der Zeit die Fähigkeit, Kommunikationsmuster zielgerichtet und situativ richtig zu verwenden. Sie teilen ihrer Lehrkraft bedeutsame Ereignisse mit, sagen z.B., dass sie auf die Toilette müssen. Pragmatik meint das sprachliche Handeln. Sie stellt eine Verbindung zwischen Denken und Sprache dar. Es geht hier um das Verstehen von Aussagen und um die sozialen Aspekte des Sprachgebrauchs. Kinder lernen im Laufe der Zeit, ihre Aktivitäten mit denen anderer Menschen zu koordinieren. So reagieren Kinder auf Kritik unterschiedlich, je nachdem, ob sie von der Lehrkraft kommt, ob die Eltern oder andere Kinder sie äußern.

Ebene der Kommunikation

Sprache bzw. die sprachlichen Ebenen haben ihre Grundlagen in anderen Funktionen. Diese sprachlichen Grundlagen sind ebenfalls in Abb. 1 dargestellt. Es handelt sich um die

sprachliche Grundlagen

- Kognition: Dazu gehört das Merken von Wörtern, das Bilden von Analogien, das Erkennen von Gemeinsamkeiten.
- Emotion: Kinder lernen, Redehemmungen zu überwinden oder Wünsche mitzuteilen.
- Motorik: Zunge, Lippen und Kiefer sollten normgerecht bewegt werden können.
- Sensorik (= Wahrnehmung):
  - taktile Wahrnehmung: Dazu gehört die Wahrnehmung der Stellung und der Bewegung von Lippen, Kiefer und Zunge.
  - visuelle Wahrnehmung: Dies meint das Sehen der Lippenstellung oder von Objekten, um ihnen die Namen zuordnen zu können.
  - auditive Wahrnehmung: Kinder erlernen das Hören und Verstehen der Laute, Wörter und Sätze.
- Interaktionalität: Dazu gehört es, das Bedürfnis nach Kommunikation zu verspüren.

Die sprachlichen Ebenen und die Grundlagen der Sprache sind bedeutsam, wenn beurteilt werden soll, ob Schüler eine altersgerechte Sprachentwicklung haben, oder ob möglicherweise Probleme im Spracherwerb vorliegen und Fördermaßnahmen geplant werden sollen.

Bedeutung der sprachlichen Ebenen

Schulanfänger befinden sich bereits in der Phase der Sprachbeherrschung. Das bedeutet, dass sie ihre Muttersprache grundsätzlich aktiv verwenden und verstehen.

Sprachentwicklungsstand bei Schulanfängern

- Auf der Ebene der Aussprache sollten alle Laute und Lautverbindungen korrekt gebildet werden können. Auch Zischlaute und schwierige Konsonantenverbindungen wie /kl/ oder /dr/ können die Kinder korrekt aussprechen.
- Der Wortschatz ist auf 2500 bis 3000 Wörter angewachsen. Die Kinder sollten alle umgebungssprachlichen Wörter kennen und sich differenziert ausdrücken können.
- Ein ca. 6-jähriges Kind kann komplexe Satzkonstruktionen bilden. Dazu gehören längere Hauptsätze sowie Nebensatzstrukturen.
- Es sollte zunehmend – abhängig von individuellen Erfahrungen – abstrakte Bedeutungen und Hintergründigkeiten (Witz, Ironie) verstehen können (Braun 2002).

1.2 Probleme des Spracherwerbs

Prävalenz

In Studien zur Vorkommenshäufigkeit von Spracherwerbsstörungen wurde festgestellt, dass bei Schuleintritt ca. 20 bis 30% aller Kinder Probleme im Spracherwerb haben (Fried 2006; Grimm et al. 2004; Steiner 2008). Viele von ihnen zeigen nicht nur sprachliche Einschränkungen, sondern haben auch Schwierigkeiten in den sprachlichen Grundlagen (v.a. in der emotionalen und kognitiven Entwicklung) und in Bereichen, bei denen die Sprachentwicklung eine zentrale Voraussetzung darstellt, wie z.B. beim Erwerb des Rechnens, Lesens und Schreibens.

spezifische Sprachentwicklungsstörung

Im Folgenden soll auf die häufigste in der Schule auftretende Sprachentwicklungsauffälligkeit näher eingegangen werden, die spezifische Sprachentwicklungsstörung.

DEFINITION

Eine **spezifische Sprachentwicklungsstörung** kann durch eine ausbleibende, eine verspätet einsetzende, verlangsamte, auch unterbrochene oder teilweise stagnierende oder rückläufige Sprachentwicklung gekennzeichnet sein. Dabei geht man davon aus, dass das Kind normal hört, kognitiv altersentsprechend entwickelt ist und keine motorischen oder sozial-emotionalen Beeinträchtigungen zeigt (DIMDI 2013).

Wie bereits in der Einleitung erwähnt, sind ca. 6 bis 8% aller Kinder von einer spezifischen Sprachentwicklungsstörung betroffen. Dabei haben Jungen, wie auch bei anderen Entwicklungsstörungen, häufiger eine spezifische Sprachentwicklungsstörung als Mädchen (Law et al. 2004; Suchodoletz 2010; Tomblin et al. 1997).

Symptomatik

Symptomatisch zeigen die betroffenen Kinder individuelle Probleme auf meist mehreren der oben beschriebenen Sprachebenen. Im späten Vorschul- und im Grundschulalter sind v.a. die Ebenen der Grammatik und des Wortschatzes betroffen. Eine differenzierte Auflistung der Symptome ist den Praxishilfen vorangestellt.

Komorbidität mit Lernschwierigkeiten

Sprachentwicklungsprobleme treten häufig in Kombination mit Lern- und Verhaltensstörungen auf. So haben lernbeeinträchtigte Kinder oft auch Sprachauffälligkeiten. Andersherum können aus Sprachstörungen Lernschwierigkeiten entstehen. Dies lässt sich folgendermaßen erklären: Menschen denken in sprachlichen Begriffen, sie systematisieren den Wortschatz in Ober- und Unterbegriffe und verwenden Sätze nach einer bestimmten Regelstruktur, die zu einem korrekten Satzbau führt. Kinder mit Sprachentwicklungsstörungen haben zum Erkennen von Zusammenhängen, zur Analogiebildung und zum Merken weniger Begriffe zur Verfügung. Da in unserer Kultur der Wissenserwerb überwiegend sprachlich verläuft, kommt es zu zunehmenden Defiziten im Lernen. Die Kinder bilden auf Dauer viele Wissenslücken aus, Kenntnisse stehen ihnen als Grundlage zum Erwerb weiteren Wissens nicht zur Verfügung. Die intellektuellen Probleme von Kindern mit spezifischen Sprachentwicklungsstörungen können sich so verstärken, dass Kinder mit einer isolierten Spracherwerbsstörung im Laufe der Zeit eine allgemeine Lernbehinderung entwickeln (Dannenbauer 2009; Haffner 1995). Dies gilt es in einem sprachförderlichen Grundschulunterricht zu verhindern. Bei mehr als 50% der Kinder mit spezifischen Sprachentwicklungsstörungen kommt es darüber hinaus zu Problemen beim Erlernen schulischer Fertigkeiten, v.a. im Lesen und Schreiben (Klicpera et al. 2020). Dieser Bereich muss im Unterricht mit sprachauffälligen Kindern besonders beachtet werden und wird im vorliegenden Buch daher umfassend behandelt.

Komorbidität mit emotionalen und sozialen Auffälligkeiten

Untersuchungen zeigen, dass sprachliche Probleme häufig gemeinsam mit Schwierigkeiten im sozio-emotionalen Bereich auftreten (Amorosa 2008, Noterdaeme 2008). Verhaltensstörungen entstehen durch das Nichtverstehen sprachlicher Unterrichtsinhalte oder durch die fehlende Möglichkeit, sich verbal zu wehren. Die Kinder zeigen ein erhöhtes aggressives Pausenverhalten, stören im Unterricht oder reagieren mit sozialem Rückzug (Grimm 2003).

Langfristige Auswirkungen

Eine spezifische Sprachentwicklungsstörung hat langfristige Auswirkungen bis in das Jugend- und Erwachsenenalter hinein, die dynamisch und vielschichtig sind. So sind Probleme in den sprachlichen Grundlagen und

Auswirkungen auf den Schriftspracherwerb, den Erwerb metasprachlicher Fähigkeiten, auf den Fremdsprachenerwerb und auf die allgemeine Schulleistungsfähigkeit zu beobachten. Folgestudien (Aram et al. 1984) zum sprachlichen Leistungsstand bei ehemaligen Kindern mit spezifischer Sprachentwicklungsstörung wiesen nach, dass Sprachprobleme bei mindestens der Hälfte der ehemaligen sprachentwicklungsgestörten Kinder auch noch im Jugend- und Erwachsenenalter nachzuweisen sind.

frühzeitige Intervention

Die Ausführungen zeigen, dass sich eine spezifische Sprachentwicklungsstörung in aller Regel nicht „auswächst“ (Grimm 2003) und eine sehr frühzeitige Diagnose und effektive sprachförderliche Maßnahmen notwendig sind, um eine sich zunehmend verstärkende Sprachstörung zu verhindern, die die gesamte Persönlichkeitsentwicklung negativ beeinflussen könnte. Dies gilt insbesondere für den Umgang mit sprachentwicklungsauffälligen Kindern in der Schule.

1.3 Aufgabe der Schule und der Lehrkräfte

schulische Sprachförderung

Schulische Sprachförderung dient der Sprachentwicklungsförderung aller Kinder und damit der Prävention von Sprachstörungen und der Unterstützung bei Kindern mit Sprachentwicklungsproblemen im Unterricht (Reber/Schönauer-Schneider 2022).

Sie muss sicherstellen, dass Kinder mit Sprachentwicklungsauffälligkeiten möglichst früh erkannt und entsprechend gefördert werden. Dazu bedarf es einfach zu handhabender diagnostischer Materialien und im Unterricht der Grundschule unproblematisch umzusetzender Fördermaßnahmen. Aufgabe der allgemeinen Schule und damit des Grundschulpädagogen ist es nicht, eine Sprachtherapie durchzuführen. Sprachtherapeutische Maßnahmen werden von speziell ausgebildeten Sonderpädagogen oder von Logopäden umgesetzt.

Erkennen von Sprachauffälligkeiten

Hilfreich ist es jedoch, wenn Grundschullehrkräfte in der Lage sind, Sprachentwicklungsauffälligkeiten zu erkennen und zwar nicht nur die deutlich wahrnehmbaren, wie schwere Aussprachestörungen und sehr dysgrammatisch sprechende Kinder, sondern auch diejenigen, die sich in einem mangelnden Sprachverständnis, in einer geringen Fähigkeit zur Sprachverarbeitung und in einer zu einfach strukturierten Sprache zeigen.

Elternberatung

Weiterhin sollten Grundschullehrkräfte eine Elternberatung durchführen können, in denen sie die Eltern motivieren, ggf. sprachtherapeutische Unterstützung in Anspruch zu nehmen. Dies kann die Vorstellung in einer logopädischen Praxis oder auch die schulische Feststellung eines sonderpädagogischen Förderbedarfes im Bereich Sprache sein. Als eine Grundlage für effektive Elterngespräche werden die unter Kapitel 2 (Praxishilfen Beobachtung) beschriebenen Verfahren zur Feststellung des Sprachentwicklungsstandes empfohlen.

Effektive Maßnahmen

Aufgabe der Grundschule ist es, Sprachfördermaßnahmen so einzusetzen, dass den betroffenen Kindern ein erfolgreiches Lernen ermöglicht wird. Im Unterricht mit Kindern, die sprachentwicklungsauffällig sind, haben sich drei übergreifende Handlungsstrategien bewährt: eine besondere Lehrersprache, die Förderung metasprachlicher Fähigkeiten und das handlungsbegleitende Sprechen (Dannenbauer 2002; Grohnfeldt et al. 2007; Reber/Schönauer-Schneider 2022). Diese Strategien sollten im Unterricht der ganzen Klasse oder auch in einer Kleingruppenförderung umgesetzt werden.

Lehrersprache

Im inklusiven Unterricht sind eine am Sprachniveau der Schüler orientierte **Lehrersprache** und das Kommunikationsverhalten der Lehrkraft besonders wichtig. Dabei werden die Unterrichtsinhalte an die sprachlichen Voraussetzungen der Kinder angepasst.

Die Lehrersprache hat Vorbildcharakter. Sie gibt den Kindern die notwendige Verständnis- und Strukturierungshilfe für die im Unterricht nachfolgenden Aufgaben. Zentrale Merkmale der Lehrersprache sind:

- deutliche, dialektfreie und nicht zu schnelle Artikulation
- kurze, einfache Sätze
- bewusste Wiederholung und Akzentuierung von Wörtern, Satzteilen und Sätzen, die die Schüler aufnehmen sollen
- Reduzierung der Komplexität von Äußerungen und Arbeitsaufträgen
- bewusster Einsatz von Sprechpausen
- Einsatz von Modellierungstechniken (Bayerisches Staatsministerium für Unterricht und Kultus 2006; Reber/Schönauer-Schneider 2022).

Metasprachliche Fähigkeiten

Die Anwendung von **Metasprache** meint das bewusste, reflektierte Sprechen über Sprache und sprachliche Phänomene. Das Werkzeug hierfür ist die Sprache selbst. Gerade mit dem Eintritt in die Schule und dem Erlernen des Schriftspracherwerbs widmen sich die Kinder der Reflexion sprachlicher Regeln:

- **phonologische Bewusstheit:** Erkennen von Gemeinsamkeiten und Unterschieden in der Lautfolge von Wörtern (Reime, Silbensegmentierung, Unterscheidung von /t/ und /d/, Erkennen von An- und Endlauten usw.)
- **semantische Bewusstheit:** Erarbeiten von Wortfeldern, Erkennen von semantischen Relationen (Ober- und Unterbegriffe), Erlernen von Fachbegriffen usw.

- **syntaktische Bewusstheit:** Beurteilung der Grammatikalität von Sätzen, Bestimmen von Satzgliedern usw.
- **pragmatische Bewusstheit:** Reflexion sozialer Regeln der Sprache (Höflichkeit), Sprachwitze, Ironie und Sarkasmus, Einschätzen der Adäquatheit und Vollständigkeit einer Äußerung usw.

Handlungsbegleitendes Sprechen

Handlungsbegleitendes Sprechen ist als übergreifende sprachheilpädagogische Methode anerkannt. Untersuchungen haben gezeigt, dass sich durch dessen Einsatz der Wortschatz, die grammatischen Fähigkeiten und auch die kognitiven Fähigkeiten positiv entwickeln.

Im Unterricht sollten daher Handlung und Sprache in einer optimal strukturierten Situation aufeinander bezogen sein. Handlungsbegleitendes Sprechen vermittelt Abläufe und Zusammenhänge, d.h. die Lehrkraft vergegenständlicht sprachliche Beziehungen: wer etwas tut, wer womit etwas tut, wann und mit wem etwas passiert. Reine Handlungen (enaktive Phase) entwickeln sich durch handlungsbegleitendes Sprechen (äußere Sprache) allmählich zu einer inneren Sprache. Die innere Sprache (symbolische Phase) dient dann als Selbstinstruktion bei der Planung der auszuführenden Tätigkeit (Spreer 2014). Eine Förderung durch handlungsbegleitendes Sprechen sollte nicht zu früh beendet werden. Selbst wenn ein Kind bereits eine Handlung erfolgreich ausführen kann, hat es diese möglicherweise noch nicht innerlich sprachlich abgespeichert. Die Schritte zur inneren Sprache folgen diesem Ablauf:

Schritte zur inneren Sprache

- **Modellhaftes Versprachlichen:** Die Lehrkraft führt eine Handlung vor und benennt diese sprachlich.
- **Modellhaftes Versprachlichen mit Handlung:** Während der Lehrer laut verbalisiert, führt der Schüler die Aufgabe durch und handelt.
- **Maskiertes Versprachlichen:** Der Lehrer und die Kinder der Klasse sprechen im Chor, während der Schüler gemäß der Aufgabe handelt. Wenn das Kind es möchte, kann es auch schon mitsprechen und wird dabei vom Lehrer gezielt sprachlich unterstützt.
- **Selbstständiges Versprachlichen:** Der Schüler führt die Aufgabe durch, handelt und spricht dabei selbst laut mit.
- **Flüsterndes Versprachlichen:** Der Schüler führt die Aufgabe durch, handelt und flüstert oder artikuliert lautlos die Selbstinstruktion.
- **Inneres Versprachlichen:** Der Schüler führt die Aufgabe durch und denkt sich die sprachlichen Anweisungsstrukturen nur noch (Reber/Schönauer-Schneider 2022, 60).

Planung von Diagnostik und Förderung

In Abbildung 2 wird in einer Übersicht die Planung von Diagnostik- und Fördermaßnahmen in der schulischen Sprachförderung dargestellt.

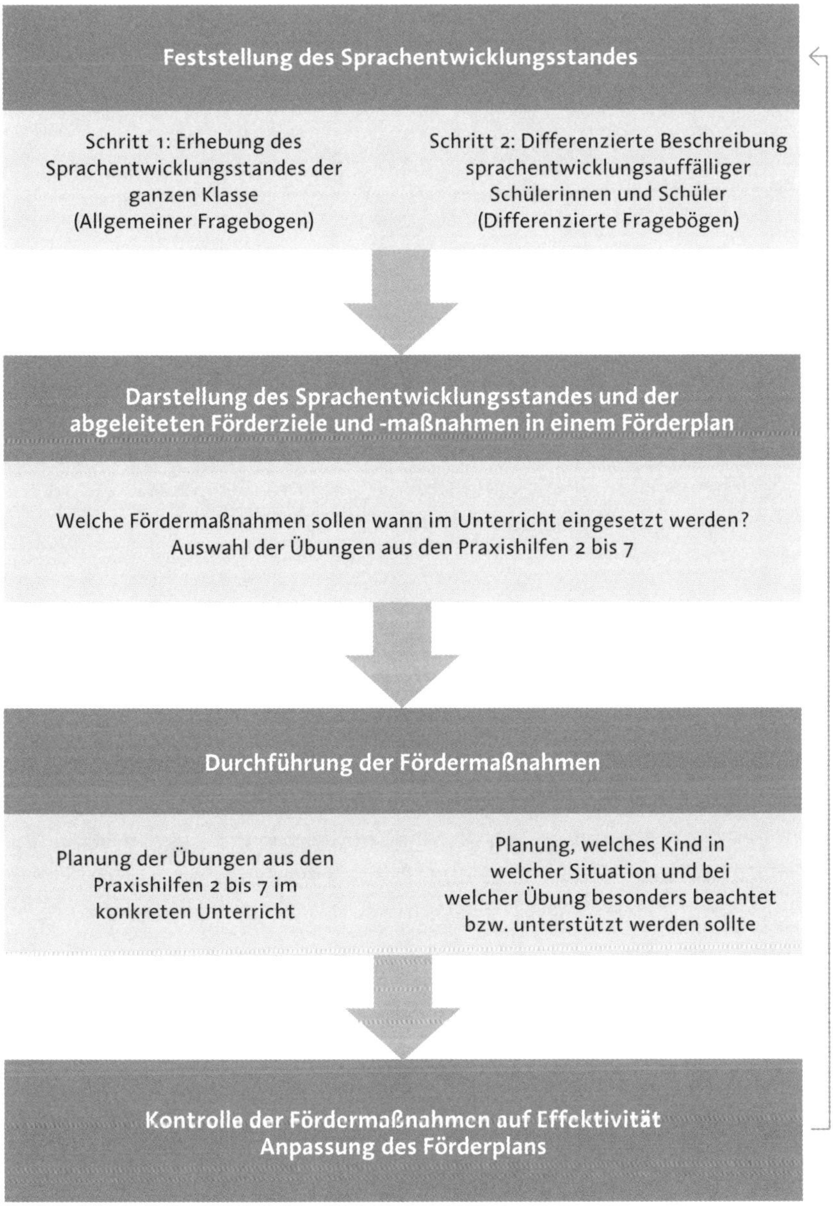

Abb. 2: Vorgehen zur Planung eines sprachförderlichen Unterrichts

2 Praxishilfen Beobachtung: Welche Kinder haben eine Sprachauffälligkeit?

Bevor die unterrichtliche Sprachförderung geplant werden kann, muss festgestellt werden, wie der sprachliche Leistungsstand der Kinder in der Klasse ist, welche Kinder eine sprachliche Auffälligkeit haben und in welchem Bereich der sprachlichen Ebenen diese Auffälligkeit besonders ausgeprägt ist.

Analyse der sprachlichen Leistungsfähigkeit

Dazu bedarf es einer systematischen und differenzierten Analyse der sprachlichen Leistungsfähigkeit. Es bietet sich ein Vorgehen wie in den folgenden zwei Kapiteln dargestellt an.

2.1 Schritt 1: Erhebung des Sprachentwicklungsstandes der ganzen Klasse

Die Erfassung der sprachlichen Leistungsfähigkeit bei allen Kindern einer Klasse sollte möglichst material- und zeitökonomisch erfolgen.

Schritt 1: Gruppenverfahren

Daher sind in einem ersten Schritt Gruppenverfahren einzusetzen, die zeitgleich mit der ganzen Klasse durchgeführt werden können, nicht länger als eine Schulstunde dauern, einfach in der Durchführung und Auswertung und nicht sehr teuer sind. Diese Verfahren nennt man auch „Screenings". Es bietet sich an, entweder a) standardisierte Verfahren zur Sprachentwicklungsdiagnostik einzusetzen oder b) standardisierte Lehrerfragebögen zur Erhebung des Sprachentwicklungsstandes auszufüllen.

standardisierte Verfahren

a) Standardisierte Verfahren zur Sprachentwicklungsdiagnostik: Mit allen Kindern einer Klasse lassen sich standardisierte Verfahren durchführen. In Deutschland gibt es zurzeit jeweils ein Gruppenverfahren für die erste und eines für die zweite Klasse: Für die Klasse 1 den *Marburger Sprachverständnistest* (MSVK, Elben/Lohaus 2000) und für die Klasse 2 das *Screening grammatischer Fähigkeiten Klasse 2* (SGF 2, Mahlau 2016). In Tabelle 1 werden die beiden

Verfahren im Überblick dargestellt. Für die Klassenstufen drei und vier sind (noch) keine Gruppenverfahren zur Erhebung des sprachlichen Leistungsstandes auf dem Markt erhältlich.

Tab. 1: Screening für alle Kinder zu Beginn von Klasse eins (MSVK, Elben/Lohaus 2000) und zwei (SGF 2, Mahlau 2016)

	MSVK (Elben/Lohaus 2000)	**SGF 2** (Mahlau 2016)
Kurzinfo	Erfassung des Sprachverständnisses in den Bereichen Semantik, Syntax und Pragmatik mit jeweils zwei Untertests	Feststellung des Leistungsniveaus beim Erwerb grammatischer (morphologischer) Fähigkeiten (Genus, Plural, Kasus, Subjekt-Verb-Kongruenz)
Zielgruppe	Kinder im Vorschulalter und frühen Schulalter (Klasse 1)	Kinder, die in den ersten acht Wochen des zweiten Schuljahres lernen
Durchführung	Dauer: ca. 30 bis 45 Minuten (ohne Zeitbegrenzung) Einzel- oder Gruppenuntersuchung	Dauer: ca. 35 bis 45 Minuten (ohne Zeitbegrenzung) Einzel- oder Gruppenuntersuchung
Auswertung	Bildung von Summenscores für die einzelnen Testskalen Transformation der Rohwerte in T-Werte und Prozentränge	Quantitative Auswertung durch das Bestimmen der Anzahl aller richtigen Antworten pro Untertest Transformation der Rohwerte in Prozentränge und Risikopunktwerte

Allgemeiner Fragebogen

b) Standardisierte Lehrerfragebögen zur Erhebung des Sprachentwicklungsstandes: Zunächst wird anhand von Lehrerfragebögen der Sprachentwicklungsstand der Klasse eingeschätzt. Die Lehrkraft füllt zu Beginn des Schuljahres für jedes Kind einen Fragebogen aus. Dazu ist es notwendig, bestimmte sprachliche Äußerungen im Unterricht oder auch in den Pausen gezielt zu beobachten.

Ein allgemeiner Fragebogen zur Sprachentwicklung für Grundschulkinder von Klasse eins bis vier steht als Online-Zusatzmaterial zur Verfügung.

Beobachtungssituationen

Im Folgenden werden klassische Situationen, in denen sich die Kinder sprachlich differenziert äußern, benannt und die Fragen des Allgemeinen Fragebogens zugeordnet. So können Lehrkräfte die sprachliche Leistung gezielt beobachten.

- **der Morgenkreis:** Das Kind antwortet korrekt und mit sinnvollen Äußerungen auf Fragen, erzählt eine Gegebenheit so, dass die Zuhörer sie verstehen, hat grundsätzlich Interesse an sprachlichen Tätigkeiten, spricht deutlich, verwendet Wörter sinn- und sachbezogen, sucht nicht nach bekannten Wörtern, kann Wörter schnell abrufen, setzt die Wörter an die richtige Stelle im Satz, kann Subjekt und Verb richtig zuordnen.
- **der Unterricht:** Das Kind kann dem Unterrichtsinhalt sprachlich folgen, kennt die im Unterricht verwendeten Wörter, erlernt neue Wörter schnell, spricht alle Laute und Lautverbindungen richtig, kann ähnlich klingende Laute voneinander unterscheiden, spricht ähnlich klingende Laute in Wörtern richtig, kann den Artikel korrekt bilden, kann den Plural korrekt bilden, kann Subjekt und Verb richtig zuordnen.
- **Aufforderungssituationen, z. B. Ausflüge, Wandertage:** Das Kind befolgt Aufforderungen korrekt, kann sich mehrere Aufgaben merken und diese ausführen, orientiert sich nicht an anderen Kindern.

2.2 Schritt 2: Differenzierte Beschreibung des Sprachentwicklungsstandes einzelner Kinder

Schritt 2: Einzeldiagnostik

Bei Kindern, deren Leistungen in den standardisierten Verfahren Hinweise auf Sprachentwicklungsauffälligkeiten geben, sollte eine differenzierte Diagnostik durchgeführt werden. Auch hierfür bieten sich wiederum zwei unterschiedliche Wege an.

Standardisierte Testverfahren

a) So kann in einer Einzeldiagnostik mit standardisierten Testverfahren die Sprachentwicklung des Kindes genauer diagnostiziert werden. Dieses Vorgehen wird grundsätzlich bei deutlich sprachlich beeinträchtigten Kindern empfohlen und setzt eine Zusammenarbeit mit sprachheilpädagogischen Fachkräften voraus. Die Sonderpädagogen bzw. Logopäden führen mit dem Kind eine differenzierte, spezifische Sprachdiagnostik durch.

Differenzierte Fragebögen

b) Für Kinder, die sich im „Allgemeinen Fragebogen zur Sprachentwicklung für Grundschulkinder Klasse eins bis vier" als sprachauffällig erweisen, werden vom Grundschulpädagogen für den jeweilig auffälligen Sprachbereich differenzierte Fragebögen ausgefüllt:

- Differenzierter Fragebogen zur Aussprache (phonetisch-phonologische Ebene)

- Differenzierter Fragebogen zum Wortschatz (semantisch-lexikalische Ebene)
- Differenzierter Fragebogen zur Grammatik (syntaktisch-morphologische Ebene)
- Differenzierter Fragebogen zur Kommunikation (pragmatisch-kommunikative Ebene)
- Differenzierter Fragebogen zum Sprachverständnis (Hörverstehen)

Diese differenzierten Fragebögen geben Hinweise auf sprachliche Schwächen des Kindes. Leichtere sprachliche Auffälligkeiten können so gezielt erfasst werden. Auch hier gilt, sollten sich schwerwiegende Sprachentwicklungsprobleme zeigen, dass eine spezifische Diagnostik von einer sprachtherapeutisch ausgebildeten Fachkraft durchgeführt wird.

Dazu sollte die Lehrkraft die Eltern des sprachentwicklungsauffälligen Kindes in einem ausführlichen Elterngespräch informieren. Den Eltern sollten die entsprechenden Informationen (z.B. Stand der Sprachentwicklung, Vorgehensweise für das Erhalten eines Rezeptes zur Logopädie [Kinderarzt – Logopäde], mehrere Adressen logopädischer Praxen, Vorgehen bei der Antragstellung zur Feststellung sonderpädagogischen Förderbedarfs, Zeitplan) schriftlich mitgegeben werden.

Ableitung von Förderzielen/ -maßnahmen

Beide diagnostischen Vorgehensweisen dienen der Ableitung von Förderzielen und der Planung der schulischen Fördermaßnahmen, wie sie in den Praxishilfen in den Kapiteln zwei bis sieben beschrieben werden.

Der allgemeine Fragebogen, der in einem ersten Schritt für alle Kinder einer Klasse ausgefüllt werden sollte, sowie die fünf differenzierten Fragebögen, die in einem zweiten Schritt nur bei Kindern mit Sprachentwicklungsauffälligkeiten eingesetzt werden, stehen als Online-Zusatzmaterial zur Verfügung.

Dieses Vorgehen hat sich im ausgefüllten Schulalltag einer Grundschullehrkraft als zeitsparend und (material)ökonomisch erwiesen. Die Fragebogen lehnen sich inhaltlich an die Beobachtungsbögen von Reber/Schönauer-Schneider (2022) bzw. Troßbach-Neuner (2006) an.

Testgüte-kriterien

Der allgemeine Fragebogen ist hinsichtlich seiner Testgüte (Objektivität, Reliabilität, Validität) geprüft.

Die Angaben zur Testgüte finden sich ebenfalls beim Online Zusatzmaterial.

Es wird ein Cut-off-Wert zur Einschätzung des auffälligen Sprachentwicklungsstandes angegeben.

Die differenzierten Fragebögen werden als informelles Material eingesetzt, auf deren Grundlage dann die Erstellung eines Förderplanes sowie die Ableitung der Fördermaßnahmen erfolgen.

Förderplan

Ein Vorschlag für einen Förderplan für Grundschüler mit sprachlichen Auffälligkeiten befindet sich am Ende dieses Kapitels bzw. ist auch als Online-Zusatzmaterial abrufbar. Der Förderplan kann so schnell digital kopiert werden und Veränderungen können eingetragen werden.

Es werden zudem Hinweise für das Vorgehen beim Ausfüllen des Förderplans gegeben.

- So sollten alle Lehrkräfte über den Förderbedarf und -plan des Kindes in einer Förderplankonferenz informiert werden.
- Um den Förderplan inhaltlich und formal überschaubar zu halten und regelmäßig den Fördererfolg abrechnen zu können, hat sich ein Zeitraum von ca. acht Wochen bewährt.
- Fördermaßnahmen für die am schwersten betroffene Sprachebene werden besonders berücksichtigt.
- Über die Praxishilfen hinaus könnten Fördermaßnahmen in Absprache mit dem sprachheilpädagogischen Fachpersonal ergänzt werden.

Erläuterung zum Förderplan

Im Folgenden werden die Inhalte des Förderplans (Abb. 3) kurz erläutert.

1. Bitte alle Lehrkräfte benennen, die mit der höchsten Stundenzahl beim Kind als erstes.
2. Bitte einen analog des Schuljahres überschaubaren Zeitraum von sechs bis acht Wochen wählen (z. B. von Schuljahresbeginn bis zu den Herbstferien, von den Herbstferien dann bis zu den Weihnachtsferien usw.).
3. Bitte die Sprachebenen (= Bezeichnung der differenzierten Fragebögen in der Kopfzeile, z. B. Wortschatz), die Auffälligkeiten zeigen, unter 1., 2. und 3. benennen, dabei die am schwersten betroffene Sprachebene als erstes aufführen. Maßnahmen zum Abbau dieser Symptome sollten im Unterricht besonders berücksichtigt werden.
4. Bitte die drei (bzw. zwei) am deutlichsten wahrnehmbaren Symptome aufführen, ggf. Kurzbezeichnung wählen (z. B. geringer Wortschatz, /r/-Laut falsch).
5. Fördermaßnahmen (z. B. Übungen und Spiele aus den Praxishilfen) auswählen. Es können in Absprache mit dem sprachheilpädagogischen Fachpersonal auch weitere Maßnahmen aufgeführt werden, z. B. mundmotorische Übungen.

6. Den Fördererfolg am Ende des jeweiligen Förderzeitraumes einschätzen. Bei nicht ausreichendem Fördererfolg das Förderziel wieder aufführen und Fördermaßnahmen intensivieren oder abändern.

Förderplan für den Bereich Sprache Schuljahr ____________

Name ____________ Klasse ____________

Geburtsdatum ____________

Lehrkräfte[1] ____________

Förderplan für den Zeitraum[2] von ____________ bis ____________

Betroffene Sprachebenen[3]

1.) ____________

Sprachauffälligkeit[4] (Symptom)	Förderziel	Fördermaßnahme(n)[5]	Fördererfolg[6]

2.) ____________

Sprachauffälligkeit (Symptom)	Förderziel	Fördermaßnahme(n)	Fördererfolg

3.) ____________

Sprachauffälligkeit (Symptom)	Förderziel	Fördermaßnahme(n)	Fördererfolg

Abb. 3: Förderplan

3 Praxishilfen zur Ausspracheförderung

3.1 Basisinformationen zu den Störungen der Aussprache

Folgende wahre Begebenheit beschreibt die Zwangslage, in die Pädagogen geraten können, wenn sie Kinder mit Aussprachestörungen unterrichten.

BEISPIEL

Sven (sieben Jahre, Lautersetzung /t/ durch /k/, Lautauslassungen) baut sich vor seiner Musiklehrerin Frau Katrin Tacke auf und sagt auffordernd „Kakekomm!". Frau Tacke schaut ihn etwas irritiert an und blickt dann zu Svens Klassenlehrerin. Die übersetzt: „Er meint: Frau Tacke, komm!" Nachdenklich überlegt die Klassenlehrerin eine Lösung für dieses sehr spezifische Problem „Katrin, willst du dich von Sven nicht ausnahmsweise mit dem Vornamen ansprechen lassen?" „...Kak-rin...?"

Auffälligkeiten im Bereich der Aussprache (auch phonetisch-phonologische Störungen genannt) sind in der Schule häufig anzutreffen. Sie stellen oft eine Teilsymptomatik bei spezifischen Sprachentwicklungsstörungen dar. Aussprachestörungen treten gemeinsam mit weiteren Symptomen auf den Sprachebenen des Wortschatzes, der Grammatik oder der Pragmatik bei ca. 6 bis 8 % aller Kinder zu Beginn des Schulalters auf. Weitere 10 % der Kinder sind noch zusätzlich von isolierten Aussprachestörungen betroffen (Grimm 2003). Dabei hat ein Viertel aller Grundschulkinder Probleme beim Aussprechen der s-Laute.

DEFINITION

Der Begriff **Aussprachestörung** wird für jegliche Probleme bei der Bildung oder Verwendung von Lauten eingesetzt. Im Bereich der Aussprache lassen sich die **phonetische** und die **phonologische Störung** unterscheiden. Beide können auch in der **phonetisch-phonologischen Störung** kombiniert auftreten.

phonetische Störungen

Eine *phonetische Störung* liegt vor, wenn die betroffenen Laute motorisch nicht richtig gebildet werden können. Ein Kind bildet z. B. konsequent den /sch/-Laut falsch und ersetzt diesen durch ein /s/, Flase statt Flasche, Sule statt Schule. Dabei handelt es sich um eine Sprechauffälligkeit, d. h., dass die innere lautliche Präsentation (das phonologische Regelsystem) korrekt vorhanden, aber die motorische Realisation eingeschränkt ist. Das zur korrekten Lautbildung notwendige (motorische) Zusammenspiel von Lippen, Kiefer, Stimme und Zunge hat das Kind noch nicht erlernt. Es kann folglich den betroffenen Laut nicht isoliert oder in Lautverbindungen aussprechen. Die Folge davon ist, dass die Ziellaute durch früher erlernte und daher motorisch einfacher zu bildende Laute ersetzt werden, oder durch Laute, die nicht in der Muttersprache vorkommen. Häufige phonetische Probleme im Schulalter sind Sigmatismen (Fehlbildungen der Laute /s/ und /z/), Schetismen (Fehlbildungen des /sch/), Rhotazismen (Fehlbildungen des /r/) und Kappa- und Gammazismen (Fehlbildungen des /k/ und des /g/). Nach Fox (2007; in Weinrich 2013) gelten als rein phonetische Störungen nur Sigmatismen und Schetismen, alle anderen Symptomatiken sind mit einer phonologischen Störung verbunden.

phonologische Störungen

Die *phonologische Störung* beeinträchtigt den systematischen Gebrauch der Sprache. Es ist eine Sprachstörung, in der die phonologischen Einheiten, d. h. Phoneme, die normalerweise in bedeutungsunterscheidender Funktion verwendet werden, nicht korrekt differenziert werden können. Auch hier gelingt die Aussprache des betroffenen Lautes nicht störungsfrei, er kann jedoch isoliert gebildet werden. So kann ein Kind z. B. das Wort Kamel und auch den Laut /k/ einzeln korrekt aussprechen. Beim Wort „Locke" sagt es jedoch „Lote", da es den Unterschied zwischen /k/ und /t/ in der Wortmitte nicht wahrnimmt. Die sich als phonologische Störung zeigende Symptomatik wird als „phonologischer Prozess" bezeichnet. Phonologische Prozesse sind im normalen Spracherwerb bei Kindern bis ungefähr fünf Jahren entwicklungsbedingt häufig anzutreffen. Die Sprache eines Kindes im Grundschulalter sollte jedoch bis auf Vereinfachungen von Wörtern, die schwierige Mehrfachkonsonanten beinhalten (Straße, zwischen), keine phonologischen Prozesse mehr aufweisen (Braun 2002).

verschiedene Formen von Dyslalie

Ältere Einteilungen der Aussprachestörungen beziehen sich auf die Häufigkeit fehlgebildeter Laute. So betrifft die isolierte Dyslalie nur einen Laut (Verständlichkeit des Kindes ist kaum eingeschränkt), die partielle Dyslalie zwei Laute (Verständlichkeit des Kindes ist gegeben), die multiple Dyslalie drei bis fünf Laute (Verständlichkeit ist deutlich beeinträchtigt) und die universelle Dyslalie mehr als fünf Laute (Verständlichkeit ist kaum vorhanden) (Braun 2002).

Förderung bei Aussprachestörungen im Unterricht

Um Kinder mit Aussprachestörungen im Unterricht ausreichend zu fördern, sollten besondere Förderelemente eingesetzt werden. Je mehr Kinder einer Klasse bestimmte Laute nicht richtig aussprechen können, desto häufiger und intensiver sollten diese bearbeitet bzw. thematisiert werden. Dazu eignen sich Situationen, in denen die Kinder über die Lautlichkeit, also die Phonologie, der Sprache bewusst nachdenken müssen. Das Bewusstmachen und Erkennen von lautlichen Einheiten wird auch als „metaphonologische Fähigkeit" oder „phonologische Bewusstheit" bezeichnet. Die Berücksichtigung metaphonologischer Fähigkeiten findet sich in vielen Sprachtherapien wieder (z. B. Fox 2006, Jahn 2001).

Die nachfolgend beschriebenen Übungen und Spiele zielen auf die Förderung dieser Fähigkeiten ab und lassen sich sowohl mit der ganzen Klasse als auch mit einzelnen Schülern durchführen. In den Variationen werden unterschiedliche Schwierigkeitsgrade durch die Einteilung nach Schwierigkeitsstufen dargestellt. So sind die Übungen und Spiele auf der Stufe 1 von geringer Schwierigkeit, die der Stufe 2 von mittlerer Schwierigkeit und die der Stufe 3 von hohem Schwierigkeitsgrad. Der Grad der Schwierigkeitsstufe kann individuell nach Leistungsfähigkeit und Alter des Kindes variieren. In Verbindung mit der korrekten Aussprache der zu erlernenden Laute helfen die Übungen, die Aussprachestörung zu überwinden. Ein weiterer wichtiger Effekt ist, dass die Förderung metaphonologischer Fähigkeiten den Erwerb des Lesens und Schreibens positiv unterstützt.

3.2 Übungen zur Ausspracheförderung

3.2.1 Übungen zur Verbesserung der auditiven Aufmerksamkeit

LERNZIELE

- Verbesserung der auditiven Aufmerksamkeit und der Merkfähigkeit für Geräusche als Vorübung für die auditive Aufmerksamkeit für sprachliche Strukturen

Übung 1: Wer erkennt das Geräusch?

Übungsablauf: Die Lehrkraft fordert die Kinder auf, ihre Augen zu schließen oder stellt sich hinter die Schüler. Dann erzeugt sie das Geräusch unter dem Lehrertisch, hinter einem Aufsteller oder Tischpuppentheater. Einfache, den Kindern vielfach bekannte, Geräusche können sein:

Material: verschiedene Gegenstände

- mit einer Schere schneiden
- mit einem Schlüsselbund klappern
- ein Stück Papier zerreißen
- ein Buch laut zuklappen
- mit dem Finger schnipsen
- eine Kugelschreibermine herausdrücken
- mit einem Ball prellen

Ein Kind wird nach dem Hören aufgefordert, das Geräusch zu benennen bzw. zu beschreiben (möglichst im vollständigen Satz sprechend). Dabei sollte die Lehrkraft differenzieren, ob die Sprachentwicklungsvoraussetzungen ein Antworten im Satz bereits möglich machen oder nicht. Die jeweilige Antwort wird mittels korrektivem Feedback wiederholt und ggf. berichtigt und positiv verstärkt.

Übung 2: Was ist in der Schachtel?

Übungsablauf: Pappschachteln, z.B. große Streichholzschachteln, werden farbig beklebt (rot, blau, grün). Es werden den Kindern bekannte Gegenstände hineingelegt (Sand, Reis, Schraube, Geldstück, Holzstückchen). Der Inhalt wird betrachtet und benannt. Nun werden die Schachteln geschlossen und ohne Sichtkontakt für die Kinder von der Lehrkraft geschüttelt. Die Kin-

Material: Pappschachteln, Gegenstände wie Sand, Reis, Schrauben

der hören nun ein bestimmtes Geräusch und sollen benennen, was in der jeweiligen Schachtel ist. Welche Schachtel war das? Was ist in der Schachtel?

Dieses Vorgehen ist auch als Stilleübung geeignet (die Kinder schreiben ihre Vermutung dann auf ein Blatt Papier), um alle Kinder zur Aufmerksamkeitsausrichtung auf auditive Reize zu motivieren.

Übung 3: Geräuschememory

Material: Überraschungseidöschen

Übungsablauf: Beim Geräuschememory ist das Ziel, gleiche Geräusche von anderen, teilweise sehr ähnlichen, zu unterscheiden und zwei gleiche Geräusche zu finden. Hierfür eignen sich Überraschungseidöschen, die mit verschiedenen Materialien gefüllt werden (Übung 2). Je zwei Eier enthalten die gleiche Füllung und auf der Unterseite dieselbe Nummer oder dieselbe Farbe. Das Spiel wird nach dem klassischen Memoryprinzip gespielt. Zur Kontrolle dienen die Markierungen auf der Unterseite der Überraschungseier.

Übung 4: Geräusche merken

Material: Uhr

Übungsablauf: Die Lehrkraft fordert die Kinder auf, ganz leise zu sein und sich innerhalb einer vorgegebenen Zeiteinheit (z. B. eine Minute, 20 Sekunden oder bis STOPP gesagt wird) alle Geräusche zu merken, die man hören kann (Autohupe, Atmen des Nachbarn, Niesen auf dem Flur usw.). Anschließend wird das sprachauffälligste Kind als erstes aufgefordert, die Geräusche zu benennen. Die anderen Kinder dürfen anschließend ergänzen. Wer hat sich die meisten Geräusche gemerkt? Alle Kinder werden positiv verstärkt.

Es wird immer darauf geachtet, dass die sprachentwicklungsauffälligen Kinder die entsprechenden Geräusche vollständig und korrekt benennen. Es reicht also nicht, wenn das Kind sagt „Da hat was gekracht.“, sondern richtig wäre der Satz „Die Eingangstür wurde geschlossen“.

Variation: Der Lehrer produziert mehrere Geräusche (Übung 1) hintereinander und fordert die Kinder auf, sich die Reihenfolge der Geräusche zu merken.

Übung 5: Zeig die Richtung!

Material: Augenbinden, Orff-Instrumente, Spieluhr

Übungsablauf: Die Lehrkraft verbindet einem Kind die Augen, nimmt ein Orff-Instrument, das keine Geräusche von sich gibt, wenn man es bewegt (also eine Trommel, eine Triangel, aber keine Schellen), und bringt dieses zum Klingen. Das Kind soll mit der Hand in die Richtung zeigen, aus der das Instrument zu hören ist. Dann geht die Lehrkraft ganz leise zu einem anderen Platz im Klassenraum und lässt das Instrument klingen. Auch dann soll das Kind wieder in die Richtung zeigen, aus der der Klang zu hören ist.

Variationen: Stufe 1: Ein anderes Kind spielt auf dem Orff-Instrument und geht leise durch den Klassenraum, um das Instrument weiterzureichen.

Das Orff-Instrument wird leise weitergereicht und das Kind darf darauf spielen, wenn die Lehrkraft ihm zuzwinkert.

Es werden mehrere Orff-Instrumente (ggf. an jedes Kind eines) verteilt und jeweils das Kind spielt darauf, dem die Lehrkraft zuzwinkert.

Stufe 2: Es werden zwei Töne kurz hintereinander gespielt. Das Kind soll in beide Richtungen, aus dem es die Geräusche gehört hat, zeigen.

Zwei Kinder werden kurz aus dem Raum geschickt und die Lehrkraft oder ein Kind versteckt eine Spieluhr. Dann werden die beiden Kinder wieder hereingerufen und suchen die Spieluhr. Sie haben nur so lange Zeit, wie diese spielt.

Stufe 3: Es werden zwei Töne gleichzeitig gespielt. Das Kind soll in beide Richtungen, aus dem es die Geräusche gehört hat, zeigen.

Übung 6: Welches Instrument ist das?

Material: ggf. Augenbinden, Orff-Instrumente

Übungsablauf: Die Kinder stehen mit dem Rücken zur Lehrkraft (oder haben die Augen verbunden). Diese erzeugt mit Orff-Instrumenten unterschiedliche Klänge. Die Kinder nennen in korrekter Reihenfolge die Namen der gehörten Instrumente. Die Übung kann sich in ihrem Schwierigkeitsgrad zunehmend steigern. Zunächst sollten nur zwei gut voneinander zu unterscheidende Instrumente erkannt werden: Pauke und Triangel oder Xylophon und Becken.

Variationen: Stufe 1: Zwei unterschiedliche Klänge kurz hintereinander bzw. gleichzeitig spielen (Triangel und Pauke; Sopran-Metallophon und großes Becken).

Stufe 2: Zwei ähnliche Klänge oder Töne kurz hintereinander bzw. gleichzeitig spielen (Triangel und hoher Ton auf dem Xylophon; großes Becken und Pauke).

Ein oder zwei Schüler spielen auf den Instrumenten, wenn die Lehrkraft ihnen zuzwinkert oder zunickt.

Anwendungsprobleme und -voraussetzungen: Das Material sollte aus dem Umfeld (Klassenzimmer, Musikraum) verwendet werden, damit sich für die Lehrkraft der Vorbereitungsaufwand in Grenzen hält und den Kindern die Geräusche und Töne vertraut sind.

Den Kindern müssen aus dem Musikunterricht die Orff-Instrumente bereits bekannt sein. Wenn ihnen die Bezeichnung des Instruments noch nicht gelingt, dann können sie alternativ darauf zeigen.

Die Kinder sollten nicht gezwungen werden, sich die Augen verbinden zu lassen. Manche Kinder mögen das nicht und haben Angst. Bei diesen Kindern ist eher das Spiel mit der versteckten Spieluhr durchzuführen.

Die Kinder der Klasse müssen sehr leise sein, um die Geräusche oder die Töne zu hören.

Weitere Hinweise: Viele dieser Übungen lassen sich sehr gut im Musikunterricht oder auch in der Turnhalle durchführen.

Es bietet sich an, einen kleinen Musikwagen oder eine Musikkiste für den Klassenraum anzuschaffen.

Kinder, denen diese Übungen schwer fallen, bitte trotzdem immer positiv verstärken. Wichtig ist es außerdem, unbedingt auf ein ansteigendes Schwierigkeitsniveau zu achten, also nicht drei Geräusche gleichzeitig lokalisieren zu lassen, wenn es einem Kind noch nicht einmal gelingt, bei einem Geräusch sicher die Richtung zu zeigen.

Übung 7: Hoch oder tief?

Material: Xylophon

Übungsablauf: Hohe und tiefe Töne unterscheiden: Die Schüler stehen hinter ihren Stühlen. Die Lehrkraft hat ein Xylophon vor sich auf dem Lehrertisch stehen. Spielt sie einen hohen Ton, dürfen sich die Kinder strecken oder auf den Stuhl steigen. Bei einem tiefen Ton müssen sie sich hinsetzen oder unter den Stuhl bzw. die Bank kriechen oder sich auf den Boden legen. Diese Übung ist auch gut als Auflockerung für den Unterricht geeignet.

Übung 8: Lang oder kurz?

Material: Klanghölzer, Trommel usw

Übungsablauf: Die Lehrkraft spielt den Schülern, z. B. mit Klanghölzern, einen Rhythmus vor. Ein Kind wiederholt diesen Rhythmus und spricht die Länge der Töne mit: lang lang – kurz – kurz – kurz. Anschließend dürfen mehrere Kinder (eine Bankreihe, ein Gruppentisch, alle Jungen, alle Mädchen) den Rhythmus gleichzeitig sprechen oder klopfen. Zum Schluss lässt sich die Übung mit der ganzen Klasse durchführen.

3.2.2 Übungen zur Verbesserung der Aufmerksamkeit für Sprache

LERNZIELE

- Verbesserung der Aufmerksamkeit für Sprache und der Merkfähigkeit für sprachliche Strukturen

Wie auch beim Erkennen von Geräuschen soll die Aufmerksamkeit der Schüler auf das Hörbare, hier auf die gesprochene Sprache, gelenkt werden. Die Übungen sind besonders für Kinder im frühen Grundschulalter, aber bei entsprechenden Auffälligkeiten auch noch im späteren Schulalter geeignet. Sie können mit der ganzen Klasse oder in Kleingruppen als Spiel durchgeführt werden. Dabei werden die Kinder mit Sprachentwicklungsauffälligkeiten besonders berücksichtigt.

Übung 9: Wer spricht da?

Material: evtl. Aufsteller

Übungsablauf: Die Lehrkraft fordert ein Kind auf, seine Augen zu schließen, sich hinter eine kleine Aufstellwand zu setzen oder sich mit dem Rücken vor die Klasse zu stellen. Der Lehrer zwinkert oder nickt einem Kind der Klasse zu, das ein Wort oder einen Satz mit normaler Lautstärke und Stimme sagt. Das Kind hinter dem Aufsteller soll die Stimme erkennen und das Kind benennen, das gesprochen hat.

Die Lehrkraft beachtet, ob die Sprachentwicklungsvoraussetzungen des Kindes ein Antworten im Satz bereits möglich machen oder nicht. Die jeweilige Antwort wird mittels korrektivem Feedback wiederholt und ggf. berichtigt und positiv verstärkt. Das Spiel wird einige Male wiederholt.

Variation: Die sprechenden Kinder sollen sehr leise, sehr laut, sehr langsam oder sehr schnell sprechen. Kann die Stimme auch erkannt werden, wenn ein Kind versucht, seine Stimme zu verstellen?

Schwer ist es, wenn die Kinder sehr schnell und gleichzeitig sehr hoch sprechen (wie Mickymaus). Einfacher ist es, wenn die Kinder sehr langsam und sehr tief sprechen (wie ein Elefant).

Anwendungsprobleme und -voraussetzungen: Kinder mit erheblichen Schwierigkeiten bei dieser Übung sollten zu Beginn möglichst markante Stimmen hören. Für Kinder, die erst kurze Zeit in der Klasse lernen, gilt dies ebenfalls.

Weitere Hinweise: Es bietet sich an, über das wiederholende korrektive Feedback hinaus, die Antwort des Kindes inhaltlich zu erweitern. So könnte die Lehrkraft gezielt Adjektive vermitteln: „Richtig, das war Adrians Stimme. Adrian spricht hoch und schnell."

Die Schüler können bei dieser Übung schnell die Namen ihrer Mitschüler erlernen und zugleich festigen. Somit eignet es sich auch als Kennenlernspiel.

3.2.3 Übungen zum Reimen mit Freude und Bewegung

LERNZIELE

- Verbesserung des Gefühls für Sprache und Sprachklang (Reime erkennen und bilden)
- Vorübungen für einen erfolgreichen Schriftspracherwerb, v.a. für die spätere Rechtschreibfähigkeit

Die Reimfähigkeit gehört zur Kategorie der phonologischen Bewusstheit im weiteren Sinne. Die Kinder lernen, sich auf lautliche Ähnlichkeiten bei vom Inhalt her völlig unterschiedlichen Wörtern zu konzentrieren. Dieses hilft ihnen im höheren Grundschulalter, die Schreibung unbekannter Wörter von bekannten herzuleiten.

Die Übungen werden mit den Kindern gemeinsam erarbeitet. Dabei werden die jeweiligen Reimwörter am Ende der Verse besonders betont. Bei der Erarbeitung spricht die Lehrkraft den Vers sehr ausdrucksstark mit übertriebener Gestik und Mimik vor. Dies unterstützt die Merkfähigkeit der Kinder. Wenn die Verse mehrfach wiederholt wurden, bietet es sich an, die Stimme zu modulieren. So könnten die Verse gesprochen werden wie ein Elefant (langsam und tief), wie eine Maus (hoch und schnell), wie ein Roboter (abgehakt in Silben ohne Stimmmodulation) usw. Die häufige Wiederholung der Verse mit der Abwechslung durch die unterschiedlichen Sprechvarianten beugt der Langeweile vor und erhöht die Motivation und den Spaßfaktor.

Besonders sinnvoll sind die Verse, wenn sie sich in das Unterrichtsthema integrieren lassen, z.B. das Rechenlied aus dem Mathematikunterricht (grundschule-nachhilfe.de o.J.), das zur Melodie vom bekannten Kinderlied „Der Sandmann ist da…" gesungen werden kann, und die Bezeichnungen der Rechenarten enthält.

Hinweis: Der Schwierigkeitsgrad lässt sich erhöhen, indem die Lehrkraft einen Vers vorgibt und im zweiten Vers das letzte Wort, also den gesuchten Reim, weglässt. Die Kinder müssen das inhaltlich passende und sich reimende Wort selbstständig ergänzen.

Hierbei muss beachtet werden, dass Kinder mit einem geringen Wortschatz viele Wörter nicht kennen. Es kann also sein, dass die Kinder grundsätzlich reimen können, ihnen aber nicht das korrekte Wort einfällt. Hier bietet es sich an, diese Wörter unabhängig von der Reimübung im Vorfeld zu erarbeiten. Günstig ist immer, bereits einen Hinweis zur Wortbedeutung zu geben, z. B. dass das gesuchte Wort ein Tiername ist.

Übung 10: Reime zum Fertigreimen

Übungsablauf: Besonders anspruchsvoll wird die Reimfähigkeit trainiert, wenn die Kinder selbstständig das Reimwort finden sollen.

Material: Reimvorlagen

BEISPIEL

Der Himmel ist blau, das Mäuschen ist …
Der Fisch ist stumm, die Gans ist …
Der Wurm ist dreckig, der Jaguar …
Der Maulwurf ist blind, das weiß jedes …
Der Elefant ist grau, ganz rosa ist die …
Der Hund kann bellen, der Fisch schwimmt durch …
Der Pferd rennt schnell, ganz nass ist sein …

Reimen mit Tiernamen

Wer fängt die Maus mit einem Satze?
Das ist unsere liebe …
Wer hat eine feine Nase?
Das ist unser kleiner …

Weitere Verse finden sich in:

Arndt, M., Singer, W. (2004): Das ist der Daumen Knuddeldick. Ravensburger Spieleverlag, Ravensburg

Guggenmoss, J., Berner, R.S. (2001): Was denkt die Maus am Donnerstag? 121 Gedichte für Kinder. dtv Verlagsgesellschaft, München

Übung 11: Die Reimwort-Raupe

Material: *Spielvorlage Raupe Rauli: Reimwörter oder Blanko,* Würfel, Spielfiguren

Übungsablauf: Es wird die Spielvorlage „Raupe Rauli: Reimwörter" aus dem Spieleset verwendet. Alternativ können Reimpaare als Bildkarten vorbereitet werden und in die Spielvorlage „Raupe Rauli: Blanko", die auch im Spiele-Set erhältlich ist, gelegt werden. Die Karten sollten dabei nicht zu weit voneinander entfernt liegen. Die Kinder stellen ihre Spielfiguren auf das Startfeld. Nun wird gewürfelt. Das erste Kind kommt mit seiner Spielfigur auf das Feld mit dem Wurm. Nun sucht es das Reimwort zu „Wurm" („Turm"). Es soll beide Wörter nennen und darf entweder vorrücken oder muss ein paar Felder zurückwandern. Wer als Erster am Ziel (Raupenkopf) angekommen ist, hat gewonnen.

Übung 12: Wer findet seinen Partner?

Material: Reimkarten

Übungsablauf: Es werden Bildkarten oder Wortkarten so vorbereitet, dass sich immer mindestens zwei reimen. Die Lehrkraft verteilt nun die Bildkarten mit den Reimwörtern. Es sollte darauf geachtet werden, dass die Kinder mit Sprachauffälligkeiten ihre Reimkarte benennen und richtig aussprechen können. Sie sollten also einfach zu benennende, häufig geübte Wörter erhalten; die sprachlich normal entwickelten Kinder erhalten entsprechend schwierigere, wenig geübte Wörter. Nun werden die Kinder aufgefordert, ihre Partner (Reimwörter) zu suchen. Danach sprechen die Paare ihre Reimwörter vor. Können sie vielleicht sogar schon einen Vers bilden?

Variation: Besonders gut gelingt das Merken der Reime, wenn die Kinder den visuellen Sinneskanal einsetzen oder sich zum Vers bewegen können. Für Kinder, die gern zeichnen, sind Bild- und Versreime besonders geeignet. Fast alle Kinder haben an Klatsch- und Bewegungsspielen viel Freude. Wenn sich diese mit Reimversen kombinieren lassen, fördert man sowohl die Reim- als auch die Merkfähigkeit und die feinmotorischen Fähigkeiten.

Viele Zeichenverse und Übungen zum rhythmischen Zeichnen finden sich in:
Hertig, S. (2008): Vers und Form. Rhythmisches Zeichnen. Westermann, Braunschweig
Pautner, N. (2005): Kinder-Zeichenschule in Bildern und Versen. Gondrom, Bindlach

Übung 13: Klatschreime

Übungsablauf: Zwei Kinder stellen sich gegenüber auf und klatschen dann nach einem festgelegten Ablauf in die Hände.

Material: Klatschreime

Viele Klatschreime finden sich auf der Internetseite www.klatschreime.de.

Anwendungsprobleme und -voraussetzungen: Bei unruhigen Klassen sollten die Reimübungen eher lehrkraftzentriert erfolgen, damit das Lernziel (Aufmerksamkeit für lautliche Ähnlichkeiten der Wörter herstellen) für die Kinder erkennbar bleibt.

Die Lehrkraft sollte immer wieder auf die lautlichen Gemeinsamkeiten der Reimwörter trotz unterschiedlicher Bedeutung hinweisen. Viele Kinder mit Sprachauffälligkeiten, einem geringen Wortschatz oder auch Lernschwächen, finden die Spiele zwar motivierend und haben Spaß, erreichen aber nicht ohne kognitive Unterstützung das obige Lernziel.

Bei den Klatschspielen könnten sich bei Kindern mit Sprachauffälligkeiten motorische, rhythmische und koordinative Probleme zeigen, daher sollten die sehr unkoordiniert agierenden Kinder zunächst mit der Lehrkraft üben. Es empfiehlt sich zur Unterstützung des rhythmischen Sprechens, Klanghölzer oder eine Rahmentrommel einzusetzen, die der Lehrer mitspielt, während er deutlich mitspricht, um die Aktionen der Schüler zu unterstützen.

Weitere Hinweise: Viele dieser Übungen lassen sich sehr gut zu Beginn, zum Ende oder auch als Auflockerung während einer Stunde durchführen.

Wie schon beim Beschreiben der Übungen erwähnt, sollten den Kindern die Wörter bekannt sein. Es bietet sich an, Wörter aus dem aktuell behandelten Unterrichtsthema besonders zu berücksichtigen (z. B. Mathematik, Sachunterricht, Sport).

3.2.4 Übungen zur Entwicklung der Silbensegmentierung

LERNZIELE

- Verbesserung des Gefühls für den Sprachklang (Silben erkennen und bilden)
- Grundlagen für einen erfolgreichen Schriftspracherwerb legen

Wie die Reimfähigkeit gehört auch das Silbensegmentieren zur Kategorie der phonologischen Bewusstheit im weiteren Sinne. Die Schüler sollen lernen, sich auf die lautliche Struktur der Sprache, nicht (nur) auf deren Inhalt, zu konzentrieren. Dabei richten sie ihre Aufmerksamkeit auf die deutliche Aussprache der Silben.

Beim Erlernen des Lesens und Schreibens müssen die Kinder die Wörter in Silben gliedern. Dies soll mit den Übungen zur Silbensegmentierung trainiert und gefördert werden.

Übung 14: Unsere Namen haben Silben

Material: ist nicht notwendig

Übungsablauf: Die Lehrkraft fordert alle Kinder auf, deren Name aus einer Silbe besteht, nach vorn zu kommen. Um das herauszufinden, soll jeder Schüler seinen Namen sprechen und dazu klatschen (hüpfen, mit dem Finger schnipsen).

Die sich noch auf ihren Plätzen befindlichen Kinder haben die Aufgabe zu kontrollieren, ob die richtigen Kinder vorn stehen. Später kann die Kontrolle auch erfolgen, ohne dass jedes Kind seinen Namen erneut klatschen und sprechen muss. Dann können zwei Schüler der Klasse als „Chefs" überprüfen, ob alle Schüler vorn stehen, die dahin gehören. Die vorn befindlichen Kinder erhalten eine Bewegungsaufgabe (z.B. drei Kniebeugen, einen Liegestütz) und setzen sich wieder hin. Nun sind alle Schüler an der Reihe, deren Name aus zwei Silben besteht usw.

Auf diese Art können auch Gruppen gebildet werden, z.B. beim Aufräumen nach einer Feier, beim Wegräumen der Geräte in der Turnhalle oder beim Verlassen der Turnhalle nach dem Sportunterricht.

Übung 15: Wer hat den längsten Namen?

Material: Tafel und Kreide

Übungsablauf: Der Schüler mit dem längsten Namen kommt nach vorn. Anschließend kommt der Schüler mit dem kürzesten Namen nach vorn. Zur Visualisierung werden Silbenbögen für jeden der beiden Namen an die Tafel gezeichnet. Welcher Name ist länger? Ist der mit dem längsten Namen auch der mit der größeren Körperlänge?

Übung 16: Silbenbögen zeichnen

Material: Bild- oder Wortkarten, Tafel

Übungsablauf: Bild- oder Wortkarten hängen an der Tafel. Die Schüler klatschen die Wörter und zeichnen die Silbenbögen darunter. Bei der Verwendung von Wortkarten sollte darauf geachtet werden, dass die Silbenbögen genau die Silben abgrenzen. Alle Buchstaben, die zu einer Silbe gehören, müssen vom Silbenbogen eingefasst werden.

Es bietet sich an, unterrichtsrelevante Wörter zu nehmen, z. B. Fachbegriffe wie Plus, Minus, Nomen oder Wörter des aktuellen Themas in Sachkunde. In einem Beispiel (Abb. 4) wurde sich mit dem Thema „Berufe" beschäftigt. Wie viele Silben haben die Begriffe Arzt, Krankenschwester, Lehrer und Kindergärtnerin?

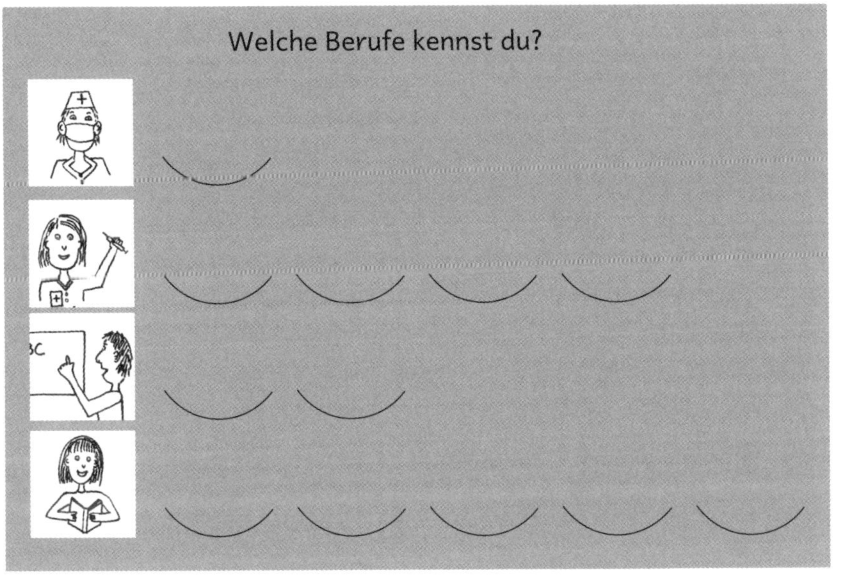

Abb. 4: Tafelbild zum Silbensegmentieren

Übung 17: Die Silben-Raupe

Material: *Spielvorlage Raupe Rauli: Laute hören I oder II sowie Blanko*, Spielfiguren, Würfel

Übungsablauf: Die Spielvorlage „Raupe Rauli: Laute hören I" oder II bzw. „Raupe Rauli: Blanko" kann zusätzlich zum Buch im Spiele-Set erworben werden.

Vorschläge für das Wortmaterial stehen als Online-Zusatzmaterial zur Verfügung.

Das Bildmaterial wird ausgewählt, wenn die Spielvorlage mit der Vorlage „Raupe Rauli: Blanko" selbst gebastelt wird. Zu jedem Bild wird nun ein „Partnerspielfeld" erstellt, welches die zum Bild passenden Silbenbögen abbildet.

Es werden zehn Paare aus jeweils einem Bildchen und einer Silbenvorlage angefertigt. Die Paare werden ungeordnet hintereinander in der Raupe angeordnet. Sie sollten sich dabei nicht zu weit voneinander entfernt befinden. Das erleichtert es den Kindern, das passende Spielfeld zu finden. Die Spielfiguren werden auf den „Start" gestellt.

Nun wird gewürfelt. Das erste Kind würfelt beispielsweise eine vier und stellt seine Figur auf das Feld mit dem Bildchen „Hut". Es nennt das Wort, klatscht die Silben und sucht die dazugehörige Silbenvorlage: „ u ". Dann setzt das Kind seine Spielfigur auf das entsprechende Spielfeld. So wird weitergespielt. Die Kinder wandern jeweils vor oder zurück. Wer als erster am Ziel angekommen ist, hat gewonnen. Der Spielmodus entspricht dem gängiger Würfelspiele.

Anwendungsprobleme und -voraussetzungen: Es besteht kein Mehraufwand für die Lehrkraft. Die Übungen können variabel an die Schülervoraussetzungen und an die Klassenraumsituation angepasst werden. Sie eignen sich als Auflockerungsübungen, als Stundeneinstieg oder auch als spielerischer Stundenausklang.

Weitere Hinweise: Kinder mit Sprachentwicklungsauffälligkeiten, mit Migrationshintergrund oder auch Kinder mit Lernbeeinträchtigungen benötigen sehr viel mehr Zeit, um Wörter in Silben gliedern zu können. Bei diesen Schülern muss der Schwierigkeitsgrad sehr langsam gesteigert werden, um sie nicht zu demotivieren. Es eignen sich methodische Ergänzungen (visuell, motorisch), wie beispielsweise das Silbenzählen mit den Fingern, das Legen von Muggelsteinen pro Silbe oder das rhythmische Klopfen auf den Tisch.

Übung 18: Lustige Quatschnamen

Material: ist nicht notwendig

Übungsablauf: Die Lehrkraft fordert das Kind auf, nach vorn zu kommen, welches in seinem Namen eine bestimmte Silbe hört (z. B. „ter"). Im Beispiel wird Peter nach vorn kommen. Peter soll für die Zeit der Übung „ter" heißen. Nun wird das Kind aufgefordert, nach vorn zu kommen, welches in seinem Namen die Silbe „ri" hört. Dieses Kind heißt für die Übungszeit „ri". Nun sollen die Kinder aus den beiden Silben neue Namen bilden, zum Beispiel „Ri-ter" oder „Ter-ri". „Riter" oder „Terri" erhalten abschließend eine kleine Aufgabe (zum Beispiel etwas auszuteilen, einzusammeln oder eine Bewegungsaufgabe).

Sollten mehrere Schüler die entsprechenden Silben in ihren Namen vorfinden, können auch mehrere Paare gebildet werden.

Variationen: Die Schwierigkeit kann gesteigert werden, indem nun ein drei- oder viersilbiger Name entstehen soll:

Die Kinder mit den Silben „li", „jus" und „ne" in ihren Namen werden aufgefordert, nach vorn zu kommen. Es kommen Neele, Sabine, Justin, Justus, Lina, Emilie nach vorn. Es wird auf den gleichen Klang der Silben bei unterschiedlicher Schreibweise hingewiesen (z. B. Nee- in Neele und -ne in Sabine). Nun bilden die Kinder zwei Gruppen. In jeder Gruppe befindet sich jeweils ein Vertreter für die Silben „ne", „jus", „li". Indem die Schüler sich in unterschiedlicher Reihenfolge aufstellen, sollen neue Namen entstehen. Welche Namen entstehen? Was meinen die Mathematiker unter den Kindern, wie viele verschiedene Namen werden wir finden? (Ne-jus-li, Jus-li-ne, Li-ne-jus, Ne-li-jus, Jus-ne-li, Li-jus-ne bzw. bei anderer Schreibweise: Nee-jus-lie, Jus-lie-nee, Lie-nee-jus, Nee-lie-jus, Jus-nee-lie, Lie-jus-nee).

Wenn die Kinder das Prinzip verstanden haben, ist es möglich, dass sie gemeinsam mit einem oder zwei Partnern selbstständig neue Namen aus ihren eigenen Namen bilden (Kinder mit Schreibkenntnissen können diese aufschreiben). Es muss nicht mehr nur eine Silbe jedes Namens verwendet werden. Die Schüler können sich aussuchen, welche Silben sie für die Bildung neuer Namen nutzen möchten. Die witzigsten „Neuschöpfungen" werden am Ende vorgelesen.

3.2.5 Übungen zur Entwicklung des Wahrnehmens von Einzellauten

LERNZIELE

- Anbahnen der Fähigkeit zur Phonemanalyse (Wörter in ihre Einzellaute zerlegen) und Lautsynthese (Laute zu Wörtern zusammenziehen)
- Erkennen einfacher Lautpositionen (An-, End- und Inlaut)

Übungen zur phonologischen Bewusstheit im engeren Sinne lenken die Aufmerksamkeit der Kinder auf die kleinste bedeutungsunterscheidende sprachliche Einheit, auf den Einzellaut (Phonem). Eine wichtige Voraussetzung für das Lesen- und Schreibenlernen ist, dass die Kinder wissen, dass sich Laute bestimmten Buchstaben oder Buchstabengruppen zuordnen lassen. Dazu müssen sie aber erst einmal die Laute als Einzellaute wahrnehmen können.

Schüler mit Sprachentwicklungsauffälligkeiten haben oft sehr große Probleme, Einzellaute zu hören. Sie können häufig ähnlich klingende Laute nicht voneinander unterscheiden, z. B. Kirche — Kirsche, Tanne — Kanne, lachen – Laken. Visuelle Unterstützungsmaßnahmen durch Lautzeichen (Lautgebärden), Lautbilder oder -symbole sind daher unverzichtbar.

Es ist auf ein lautgetreues Sprechen zu achten. Dies betrifft sowohl die korrekte Aussprache der kurzen Selbstlaute wie z. B. /a/ und /e/ in Matte, als auch das /nk/ bzw. /ng/ in Wörtern wie *sinken* oder *singen*.

Morphologische Einheiten, wie die Endungen /en/, /el/, /er/, /es/ usw. werden als „Blitzer" (Begriff aus dem RoLeR-Trainingsprogramm von Behrndt et al. 2015) bezeichnet und den Kindern als Ganzheiten vermittelt.

Übung 19: Robotersprache

Material: ist nicht notwendig

Übungsablauf: Die Lehrkraft spricht den Namen eines Kindes der Klasse abgehackt (wie ein Roboter) lautierend vor: A-l-i-n-a. Die Schüler finden heraus, welcher Name gemeint war.

Variation: Ein Schüler der Klasse wird nach vorn gebeten. Er spricht den Namen eines anderen Schülers lautierend (in Robotersprache) vor. Dasjenige Kind, welches seinen (oder den vorgesprochenen Namen) erkannt hat, darf nun nach vorn kommen und einen anderen Namen lautieren.

Übung 20: Welches Bild passt?

Material: Bildkarten

Übungsablauf: An der Tafel hängen Bilder. Die Lehrkraft lautiert die dazugehörigen Wörter (in Robotersprache). Welches Bild passt zu dem vorgesprochenen Wort?

Variation: Die Lehrkraft spricht lautgetreue Wörter in der oben beschriebenen Weise vor. Diese Wörter können frei gewählt oder mit den Unterrichtsinhalten assoziiert werden, z. B.

> Nehmt bitte euren F-ü-l–er heraus! (morphologische Einheiten [„Blitzer"] /el/, /en/, /er/, /es/ zusammen lassen)
> Hole den B-a-l aus dem Schrank!
> Welcher Vogel ist das? A-m-s-el

Ergänzend können CDs mit Liedern und Bewegungsspielen zum Thema „Roboter" eingesetzt werden, z. B. „Mein nagelneuer Roboter" von Detlef Jöcker (CD „40 schönste Kindergartenlieder") oder „Roboter sind wir" von Monika Fink und Ralph Schneider (CD „Bewegen und Entspannen nach Musik").

Übung 21: Wie fängt dein Name an?

Übungsablauf: Die Lehrkraft bittet diejenigen Kinder nach vorne zu kommen, die am Anfang ihres Namens ein /l/ hören. Diese Kinder erhalten eine kleine Aufgabe, die sich sinnvoll in den Unterrichtsablauf integrieren lässt, beispielsweise das Singen der ersten Strophe eines bekannten Liedes im Musikunterricht.

Material: ist nicht notwendig

Danach kommen die Kinder nach vorn, die am Anfang ihres Namens ein /h/ hören. Diese Kinder singen die zweite Strophe usw.

Hinweis: Diese Übung wird schwierig für **J**ustin, **Ch**antal oder **J**oy. Man erklärt ihnen, dass Laute auf verschiedene Weise geschrieben werden, und dass Namen mit nichtdeutscher Herkunft oft anders ausgesprochenen werden.

Variation: An der Tafel hängen verschiedene Bilder (z. B. Robbe, Esel, Baum, Mund, Riese, Eisenbahn, Elefant, Mond usw.). Es werden vier Schülergruppen gebildet. Jede Schülergruppe erhält nun den Auftrag, alle Bildkarten, deren Wörter mit demselben Laut beginnen, zu suchen und diese zusammenzuheften, z. B. alle Wörter mit /e/, mit /m/ und mit /r/.

Material: ausgewähltes Bildmaterial, Tafel, Magnete

Da die Lehrkraft bei den Schülern für diese Übung keine Buchstabenkenntnisse voraussetzen sollte, können Lautbilder genutzt werden, um die Kinder zu unterstützen, z. B. das Bild eines tropfenden Wasserhahns für alle Wörter mit /t/, das Bild einer Dampflokomotive für alle Wörter mit /sch/, das Bild eines gurgelnden Kindes für alle Wörter mit /r/. Es ist der Lehrkraft überlassen, ob sie den Schülern zugleich den Buchstaben vermittelt.

Übung 22: Die Anlaut-Raupe

Übungsablauf: Es wird Bildmaterial zu Wörtern mit gleichem Anlaut benötigt, wenn die Spielvorlage mit der Vorlage „Raupe Rauli: Blanko“ aus dem Spiele-Set selbst erstellt wird. Jeweils ein Paar (zwei Wörter) sollte einen gemeinsamen Anfangslaut haben (z. B. Tanne-Tasse, Oma Obst usw.) Die Software „zabulo“ (Steidl et al. 2016) stellt sowohl eine große Anzahl von Bildern als auch linguistisch fundierte Suchfunktionen, u. a. die hier benötigte Anlautsuche, bereit. Die Bilder werden in die Vorlage geklebt. Eine fertige Spielvorlage „Raupe Rauli: Anlaute“ kann zusätzlich zum Buch im Spiele-Set erworben werden.

Material: *Bildmaterial, Spielvorlage Raupe Rauli: An- oder Endlaute*, Spielfiguren, Würfel

Das erste Kind stellt seine Figur entsprechend des Würfelbildes z. B. auf das Feld, auf dem sich das Bild einer Tasse befindet. Nun sucht es den Partner zur Tasse (ein Wort, das mit /t/ anfängt, z. B. Tanne) und darf entweder vorrücken oder muss ein paar Felder zurückwandern. Wer als Erster am Ziel angekommen ist, hat gewonnen.

Variation: In gleicher Weise wie beim Spiel mit der Anlaut-Raupe wird das Spiel zum Erkennen der Endlaute gestaltet. Nun wird Bildmaterial zu Wörtern mit gleichem Endlaut benötigt, falls die Spielvorlage selbst erstellt wird. Jeweils ein Paar sollte einen gemeinsamen Endlaut besitzen, z. B. Elefan**t**-Hu**t**, Löffe**l**-Inse**l**. Auch eine fertige Spielvorlage „Raupe Rauli: Endlaute“ kann zusätzlich zum Buch im Spiele-Set erworben werden.

Übung 23: Welchen Laut haben alle Wörter gemeinsam?

Material: Decke, Gegenstände

Übungsablauf: Unter einer Decke versteckt befinden sich Realgegenstände. Alle haben den Ziellaut in ihrer Bezeichnung enthalten. Die Schüler erfühlen die Gegenstände und benennen sie. Welchen Laut haben alle Wörter gemeinsam? (z. B. Pudelmütze, Pinguin, Pinsel, Puppe, Piratenboot, Plakat, Pappe, Mappe, Kappe).

Variation: Stufe 1: Alle Kinder drehen sich um, legen den Kopf auf die Schulbank oder halten sich die Augen zu. Ein Gegenstand hat sich heimlich dazu geschummelt, enthält aber den Ziellaut nicht. Welcher ist es?

Ein Gegenstand mit dem Ziellaut wurde weggenommen. Welcher?

Übung 24: Höre den Laut!

Material: Lautbilder, Lautzeichen, Tafel, Magnete

Übungsablauf: Die Lehrkraft benennt den herauszuhörenden Laut. Grundsätzlich sollte zur Unterstützung ein Lautbild (eine Lokomotive für das /sch/ oder ein Wasserhahn für das /t/) und/oder das Lautzeichen an die Tafel geheftet werden. Nun spricht die Lehrkraft eine Lautreihe mit unähnlichen und, nachdem diese von den Kindern diskriminiert werden können, ähnlichen Lauten vor.

BEISPIEL

unähnliche Laute								
Ziellaut /sch/	a	i	**sch**	r	**sch**	l	i	**sch**
Ziellaut /t/	e	**t**	m	**t**	u	z	**t**	**t**
Ziellaut /k/	**k**	o	r	**k**	**k**	s	l	**k**

ähnliche Laute

Ziellaut /sch/	s	ch1	**sch**	z	ch2	**sch**	**sch**	ch1
Ziellaut /t/	k	**t**	d	**t**	p	**t**	b	**t**
Ziellaut /k/	**k**	t	p	**k**	d	**k**	**k**	b

Die Schüler stehen schnell auf, wenn sie den Ziellaut hören. Das bringt Bewegung in die Klasse und macht Spaß.

Es ist möglich, dass die Kinder mit erhöhtem Förderbedarf mehr Zeit benötigen, um zu reagieren. Sie orientieren sich möglicherweise an ihren Mitschülern und haben selbst keinen Lernfortschritt. Dann ist es notwendig, diesen Kindern Zeit zu verschaffen, indem alle Kinder auf ein Zeichen der Lehrkraft warten, z. B. Kopfnicken oder Zublinzeln, bevor sie reagieren.

Variationen: Stufe 1: Die Schüler erhalten das Lautbild oder Lautzeichen als Bildkarte und heben die Karte anstatt aufzustehen.
Stufe 2: Jeder Schüler erhält eine laminierte Legekarte mit acht vorbereiteten Kästchen, die mit Würfelbildern oder einer Zahlenreihe durchnummeriert ist (Abb. 5).

Verschiedene Legekartenmuster finden sich beim Online-Zusatzmaterial.

Die Würfelbilder bzw. die Zahlen stellen die Nummer der Aufgabe dar. Der erste Laut wird also beim Würfelbild der „Eins“ beurteilt, der zweite beim Würfelbild der „Zwei“ usw. Immer, wenn das Kind den Ziellaut hört, legt es einen Muggelstein oder macht mit einem Folienstift einen Kreis. Hört es ihn nicht, wird das Kästchen frei gelassen. Hinterher kann gemeinsam durch Ansagen der Kästchennummer kontrolliert werden oder indem die Lehrkraft ein Kontrollblatt an die Tafel heftet.

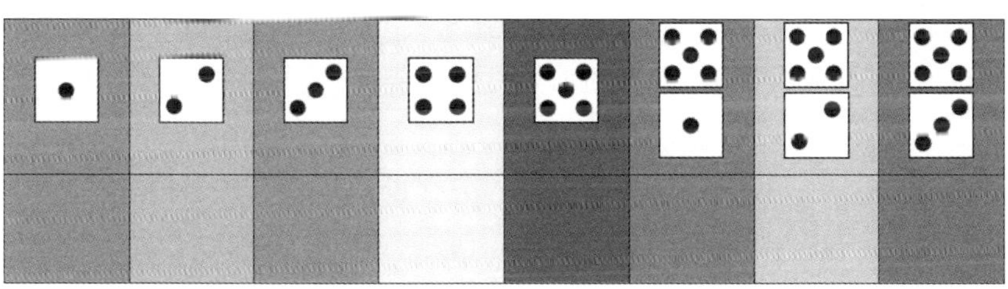

Abb. 5: Legekarte für das Hören von Ziellauten

Anstatt des Muggelsteins kann auch ein Kärtchen mit dem Lautbild oder Lautzeichen gelegt werden. Das verstärkt den Lerneffekt für die Schüler enorm, bedeutet jedoch einen Mehraufwand an Vorbereitung für die Lehrperson.

Übung 25: Finde den Laut!

Material: Lautbilder, Bildmaterial

Übungsablauf: An der Tafel sind Bilder befestigt, darunter einige mit dem Ziellaut bzw. den Ziellauten (Abb. 6). An der Seite der Tafel hängt ein Bild mit dem Lautzeichen oder dem Lautbild (z. B. eine Biene für das stimmhafte /z/, ein Luftballon für das stimmlose /s/). Die Schüler haben die Aufgabe, diese Bilder herauszufinden und unter das Lautbild oder das Lautzeichen zu kleben. Im Beispiel lautet die Aufgabenstellung: Klebe die Bilder, deren Namen ein /z/ enthalten, unter die Biene und deren Namen ein /s/ enthalten unter den Luftballon.

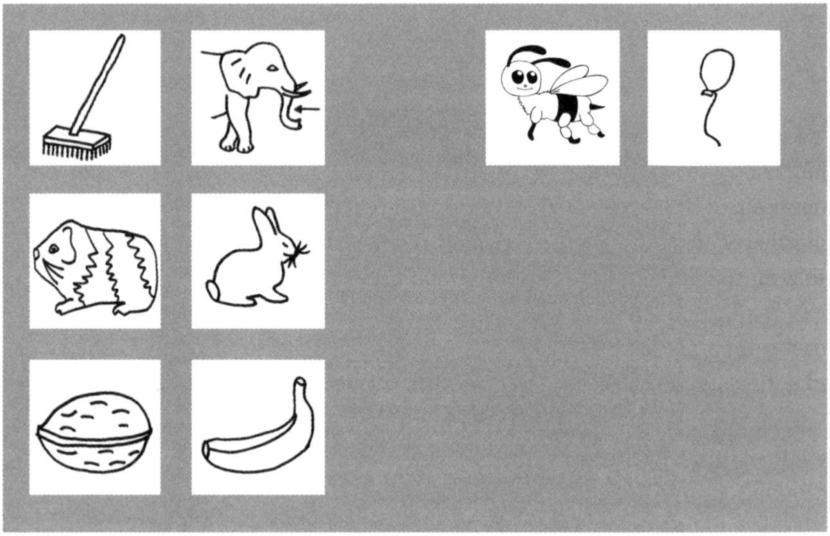

Abb. 6: Bilder mit dem Ziellaut dem Lautbild zuordnen

Übung 26: Anfang, Mitte, Ende? – Wo ist der Laut?

Material: Bilder, Muggelsteine, Raster

Übungsablauf: An der Tafel sind Bilder mit dem Ziellaut befestigt. Er ist jeweils an verschiedenen Wortpositionen zu hören (vorn, innen, hinten). Daneben oder darunter befinden sich Raster, jeweils aus drei Kästchen bestehend (Abb. 7). Die Kinder kennzeichnen die Lautposition durch Magnete oder Kreuze.

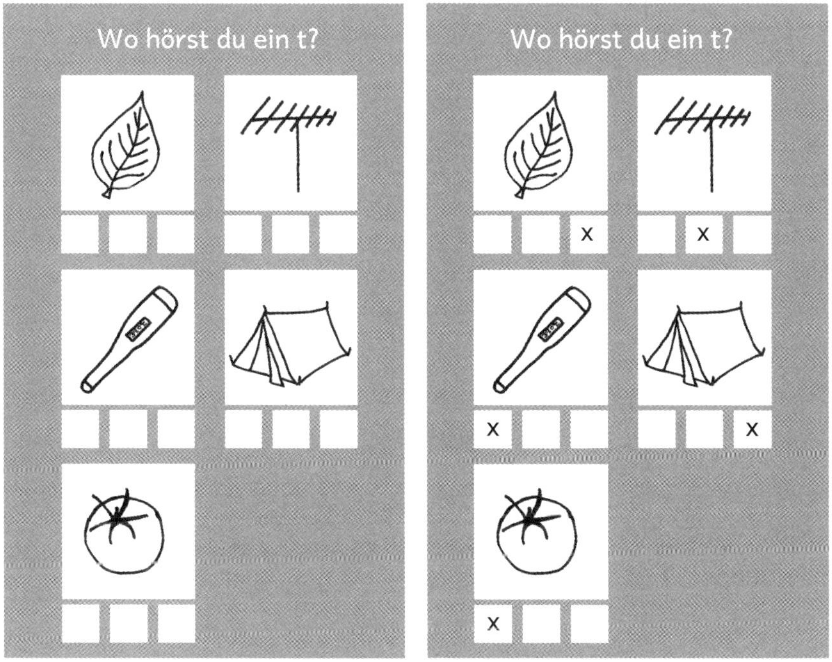

Abb. 7: Tafelbild zum Kennzeichnen der Lautposition (vorher und nachher)

Die Vorlagen zur Lautposition können zu jedem beliebigen Laut immer wieder verwendet werden.

Variation: Die Bilder befinden sich an der Tafel. Die Schüler erhalten das Raster mit jeweils drei Kästchen als laminierte Vorlage.

Diese ist als Online-Zusatzmaterial verfügbar.

Die Lehrkraft spricht die Wörter vor und die Kinder können nun mit einem Folienstift die Lautposition kennzeichnen bzw. mit Muggelsteinen legen.

Übung 27: Derselbe Laut ganz oft!

Übungsablauf: Die Lehrkraft spricht den Schülern einen Satz vor, in dem der Ziellaut sehr oft vorkommt. „Welchen Laut habt ihr besonders oft gehört?“. Im Folgenden werden einige Beispiele angegeben.

Material: ist nicht notwendig

BEISPIEL

/a/

Ali **A**meise **a**ngelt **a**m **A**ngelteich.

Alfons, der **A**dler h**a**t **a**m Schwanz **a**cht Federn.

Arno, der **A**ngler, h**a**t **a**cht **A**ngeln im **A**ngelteich **a**usgeworfen.

/b/

Bennos **B**eine **b**aumeln vom **B**irnen**b**aum.

/d/

Drei **D**amen suchen **D**ieter, **d**en **D**ackel, auf **d**em **D**achboden.

/z/

Sieben **S**alamander **s**ingen am **S**ee **s**echs **S**eemannslieder.

/r/

Rosi **r**eißt **r**ote **R**üben **r**aus.

Rabe **R**ollo **r**aubt dem **R**aben **R**oman d**r**ei **R**egenwürme**r**.

/t/

Timo **T**in**t**enfisch **t**auch**t** mi**t** **t**ollen **T**en**t**akeln.

Te**t**i, die **T**aube, s**t**eck**t** ihren **T**aubenkopf un**t**er den **T**aubenflügel und schläf**t**.

/au/

Gestern kam R**au**li, die R**au**pe, **au**s dem H**au**s und hörte **Au**gust, den Pf**au**, l**au**t rufen. Er kam angel**au**fen. **Au**f seiner Schulter saß M**au**si, die M**au**s. Sie sch**au**te tr**au**rig zu R**au**li, der R**au**pe. M**au**si, die M**au**s, sch**au**t heute nicht gr**au**, sondern bl**au** **au**s.

Anwendungsprobleme und -voraussetzungen: Sehr wichtig ist es, dass mit den Schülern die Begriffe Anlaut, Endlaut und Inlaut sorgfältig erarbeitet werden. Fachbegriffe erlernen Kinder mit Sprachentwicklungsauffälligkeiten nicht „nebenbei“. Sie merken sich neue Wörter nicht so mühelos wie sprachlich normal entwickelte Kinder und verwenden sie häufig auch nicht im aktiven Wortschatz. Daher müssen hier Visualisierungshilfen eingesetzt werden.

Die Begriffe Anlaut, Inlaut und Endlaut sollten in Verbindung mit den Begriffen vorn und hinten erläutert werden. Im Schriftspracherwerb des Deutschen ist „vorn“ mit „links“ und „hinten“ mit „rechts“ gleichzusetzen. Kindern mit Sprachentwicklungsauffälligkeiten hilft es, wenn man das Bild eines Fisches, eines Igels oder einer Katze auf den Tisch legt oder klebt, welches in die Bereiche vorn, Mitte und hinten unterteilt ist. Vorn ist da, wo das Mäulchen ist und hinten ist da, wo der Schwanz ist.

Weitere Hinweise: Die Anforderungen sind stets vom Leichten zum Schweren zu steigern. Dazu gehört es, bei der Auswahl des Bildmaterials auf gut hörbare Laute zu achten. So sind zunächst Selbstlaute (Vokale) auszuwählen, dann lang hörbare Konsonanten, wie /m/, /n/, /r/, /l/, /s/, /sch/ oder /f/. Schwierig ist es, Laute zu hören, die nur kurz klingen, wie /d/, /t/, /g/, /k/, /b/ oder /p/. Diese sollten später eingeführt werden.

Die Spiele und Übungen können in Auflockerungsphasen während einer Unterrichtsstunde (nicht nur im Fach Deutsch), als eigenständige Stunde ausgerichtet oder als Unterrichtsphase im Deutschunterricht eingesetzt werden.

Übung 28: Die Riesenwörterkette

Übungsablauf: Die Lehrkraft gibt ein Wort vor. Die Schüler sollen der Reihe nach ein neues Wort finden, das mit dem Laut beginnt, mit dem das vorherige Wort endete, z. B. Baum-Meer-Reise-Elefant-Theo-Osterhase.

Material: ist nicht notwendig

Übung 29: Beschreibe den Anfangslaut!

Übungsablauf: Die Lehrkraft bespricht mit den Kindern, wie sich die einzelnen Laute anhören. Dazu müssen die Schüler hören, wie die Laute in ihrem Körper klingen. So „summen" oder „brummen" Vokale (a, e, i, o, u) und stimmhafte Konsonanten (m, n, l, r). Die Plosivlaute (p, t, k) „knallen" und die Frikativlaute (f, sch, ch) reiben.

Material: Spiegel, Wattebausch oder Feder

Die Kinder sollen den Anfangslaut und zusätzlich noch die Lippen- und Zungenstellung beschreiben. Wo liegt meine Zungenspitze? Was machen meine Lippen?

Da nicht immer davon auszugehen ist, dass die Schüler auf die Beschreibungen der Lautklänge von alleine kommen, sollten die betreffenden Wörter (reiben, brummen, knallen) vorgegeben werden.

Bei Kindern mit Sprachentwicklungsauffälligkeiten sollte ein Spiegel vorhanden sein, damit sie die Lippen-, Kiefer- und Zungenstellung visuell erfassen und beschreiben können.

3.2.6 Übungen zum Vokalisieren, Lautieren und Konsonantieren

LERNZIELE

- Entwicklung der Fähigkeit zur Phonemanalyse (Wörter in ihre Einzellaute zerlegen) und Lautsynthese (Laute zu Wörtern zusammenziehen)
- Erkennen aller Lautpositionen

In den nachfolgenden Übungen wird die Fähigkeit zum Erkennen der Einzellaute vertieft. Die Kinder sollen erlernen, alle Laute in der korrekten Reihenfolge wiederzugeben.

Diese Übungen müssen mit sprachentwicklungsauffälligen Schülern intensiv geübt werden, da es ihnen oft sehr schwer fällt, die Phonemanalyse und -synthese zu erlernen. Um die einzelnen Laute besser wahrnehmbar zu machen, sind visuelle Unterstützungsmaßnahmen durch Lautzeichen, Lautbilder oder -symbole routinemäßig einzusetzen.

Wiederum ist auf ein lautgetreues Sprechen zu achten. Die Lautverbindungen /el/, /en/, /er/ und /es/ sollten den Kindern von Anfang an als morphologische Einheit vermittelt werden: G-a-b-el. Das erleichtert ihnen später das Lesen und Schreiben von Wörtern wie Messer, Fest, Stelle, Pferd, rennen, in denen das kurze /e/ schlecht hörbar ist.

Zu beachten ist weiterhin, dass die Kinder die Wortbedeutung der Wörter kennen, damit sie diese gleich richtig mit der Lautfolge verbinden können.

Das Vokalisieren ist eine wichtige Grundfertigkeit für das Erlernen einer lautgetreuen Rechtschreibung. Es setzt die Silbensegmentierung voraus. Die Kinder lernen, wie wichtig die Selbstlaute („Kapitäne" in den Silbenschiffchen) sind, dass sie unsere Sprache erst zum Klingen bringen, dass sie lang und kurz klingen können und dass in jedem Silbenschiffchen immer ein Kapitän wohnen muss (Begriff „Kapitän" für Selbstlaut aus Dummer-Smoch/Hackethal 2007).

Übung 30: Namen vokalisieren

Material: Tafelbild

Übungsablauf: Der Lehrer spricht nur die Selbstlaute des Namens eines Schülers (Visualisierung eines Tafelbildes vgl. Abb. 8). Dabei werden die Silben betont und es wird mitgeklatscht. Wer erkennt seinen Namen?

Die Schüler stellen fest, dass Kinder mit verschiedenen Namen die gleiche Silbenanzahl und die gleichen Selbstlaute (Kapitäne) haben können.

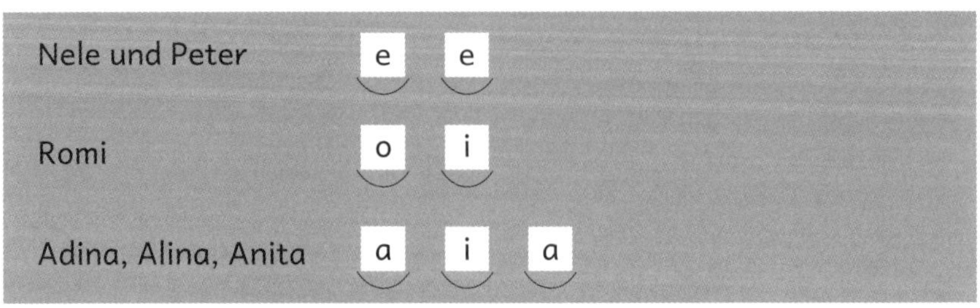

Abb. 8: Tafelbild zum Vokalisieren der Namen

Variation: Diese Übung kann variiert werden, indem die jeweiligen Kinder eine kleine Aufgabe passend zum Unterrichtsthema erfüllen (Bewegungsaufgabe, Gedicht aufsagen, Lied singen, sich anstellen, etwas wegräumen).

Übung 31: Wörter vokalisieren

Übungsablauf: Es werden Bilder an die Tafel geheftet. Die Begriffe dazu werden vokalisiert (später ggf. angeschrieben; Abb. 9). Welches Bild ist gemeint? Anschließend können die Silben vervollständigt werden.

Material:
Tafel, Kreide, Magneten, Bildmaterial

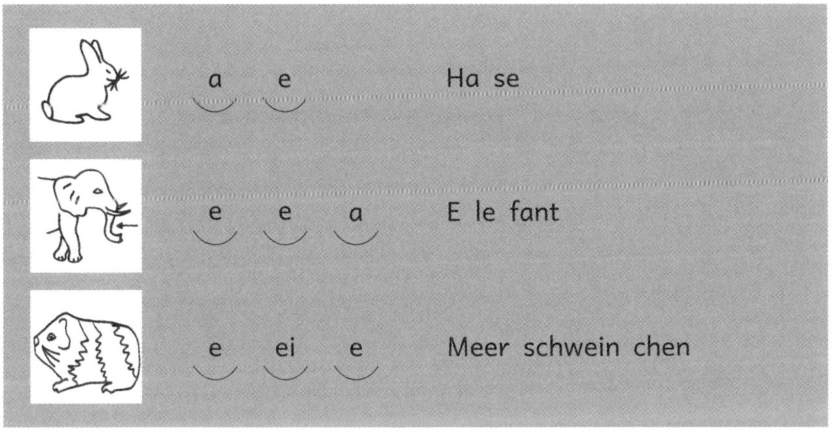

Abb. 9: Tafelbild zum Vokalisieren unterschiedlich komplexer Wörter

Variation: Es werden Begriffe vokalisiert, um die es im Stundenthema geht (Abb. 10). Welcher Begriff ist gemeint, was bedeutet er?

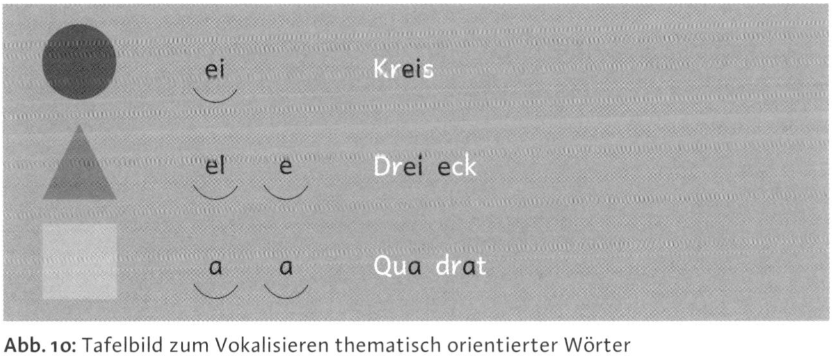

Abb. 10: Tafelbild zum Vokalisieren thematisch orientierter Wörter

Die Lehrkraft spricht ein Wort vor und die Kinder vokalisieren. Kinder, die bereits über die ersten Schreibfähigkeiten verfügen, können in die Silbenbögen die bereits erlernten Selbstlaute schreiben.

Weitere Hinweise: In Einführungsstunden erleichtert es den Kindern das Verständnis, wenn man die Wörter anschreibt, die Silbenbögen einzeichnet, die Selbstlaute blau nachschreibt (Es wird vorgeschlagen, die Farbe Blau zu verwenden, da Kapitäne auf dem Wasser unterwegs sind und Wasser von den Kindern mit der Farbe Blau assoziiert wird) und dann zunächst nur die blauen Kapitäne liest, obwohl die anderen Laute noch sichtbar sind. Dann bekommt der Tafellappen Hunger und verschlingt die Mitlaute. Nun stehen nur noch die Kapitäne da.

Übung 32: Wörter und Sätze vokalisieren und konsonantieren

Material: Tafel, Kreide

Übungsablauf: Für diese Übung sollten die Kinder bereits über grundlegende Lese- und Schreibfähigkeiten verfügen. An der Tafel steht ein Satz. Gemeinsam mit der Klasse werden die Silbenbögen eingetragen und die Selbstlaute blau nachgeschrieben (Abb. 11). Nun bekommt der Tafelschwamm Hunger. Er verschlingt alle Selbstlaute. Die Kinder versuchen, zu lesen. Andersherum kann der Tafelschwamm auch die Konsonanten verschlingen. Was steht nun an der Tafel?

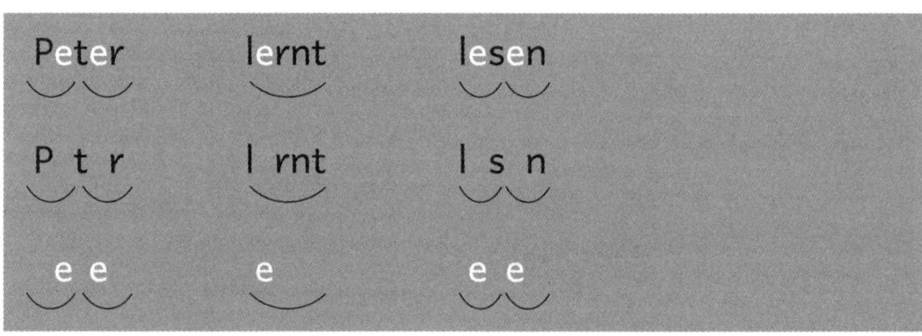

Abb. 11: Tafelbild zum Vokalisieren und Konsonantieren

Übung 33: Wörter in ihre Lautanzahl gliedern

Material: laminierte Silbenbögen, Muggelsteine

Übungsablauf: Die Lehrkraft spricht den Kindern Wörter vor. Die Kinder legen für jede Silbe einen Silbenbogen und in jeden Silbenbogen für jeden gehörten Laut einen Muggelstein. Die Kontrolle erfolgt, für alle Kinder sichtbar, an der Tafel. Dabei sollte nach dem Prinzip des handlungsbegleitenden Sprechens vorgegangen werden, um auch Kindern mit Sprachentwicklungsauffälligkeiten und auditiven Verarbeitungs- und Wahrnehmungsproblemen ein erfolgreiches Lernen zu ermöglichen (Tab. 2).

Weitere Hinweise: Es soll die Anzahl der gehörten Laute, nicht die der geschriebenen Buchstaben gelegt werden. Den Kindern wird von Beginn an erklärt, dass die Lautanzahl nicht immer mit der Buchstabenanzahl übereinstimmen muss.

Tab. 2: Handlungsbegleitendes Sprechen zum Lautieren lautgetreuer Wörter

Die Lehrkraft spricht			
Ich spreche das Wort	Ich klatsche die Silben	Ich höre in der ersten Silbe	Ich höre in der zweiten Silbe
Bäume	Bäu – me: 2 Silben. Ich male zwei Silbenbögen.	b – äu: 2 Laute. Ich lege zwei Steine.	m – e: 2 Laute. Ich lege zwei Steine.
Schnee	Schnee: 1 Silbe. Ich male einen Silbenbogen.	sch – n – e: 3 Laute. Ich lege drei Steine.	Schon fertig ☺!
Ali	A – li: 2 Silben Ich lege zwei Silbenbögen.	A: 1 Laut. Ich lege einen Stein.	l – i: 2 Laute. Ich lege zwei Steine.

Das Prinzip des handlungsbegleitenden Sprechens wird so lange eingesetzt, bis die Schüler den Ablauf der Übung und damit die Diskriminierung der Einzellaute verstanden haben. Zusätzlich sollten Lautzeichen die Einzellaute visuell-motorisch verdeutlichen.

Variation: Bei schnell lernenden Kindern lässt sich mit dieser Übung das Heraushören der „Blitzer" (morphologische Einheiten wie /el/, /en/, /er/, /es/) trainieren, indem an ihrer Stelle ein gelber Muggelstein gelegt wird. Die Kinder lernen dabei, dass die Blitzer aus zwei Buchstaben bestehen, zusammengehören und gleich geschrieben werden (Tab. 3).

Tab. 3: Handlungsbegleitendes Sprechen zum Lautieren von Wörtern mit „Blitzern“

Die Lehrkraft spricht			
Ich spreche das Wort	Ich klatsche die Silben	Ich höre in der ersten Silbe	Ich höre in der zweiten Silbe
Meter	Me – ter: 2 Silben. Ich lege zwei Silbenbögen. 	m – e: 2 Laute. Ich lege zwei Steine. 	t – er: 2 Laute. Ich lege zwei Steine. /er/ ist ein Blitzer. 

Anwendungsprobleme und -voraussetzungen: Schwierig wird es mit Wörtern, deren Laute anders ausgesprochen werden, als gewohnt, z. B. die Namen Justin oder Jamie. In diesen Fällen muss erklärt werden, dass dies bei englisch ausgesprochenen oder anderssprachigen Namen vorkommen kann, dass wir bei Justin ein „u“ schreiben, aber ein „a“ sprechen und bei Jamie ein „e“ sprechen, aber ein „a“ schreiben.

Weitere Hinweise: Kinder mit Sprachentwicklungsauffälligkeiten haben noch im höheren Grundschulalter Probleme beim reihenfolgerichtigen und korrekten Vokalisieren und Lautieren. Der spielerische Einsatz dieser Übungen ist daher auch noch bei älteren Kindern notwendig und sollte nicht vernachlässigt werden, auch wenn die Inhalte des Rahmenplanes das Lautieren für das Erlernen weiterer Fähigkeiten bereits voraussetzen.

Bei der Auswahl der Wörter sollte grundsätzlich differenziert werden. Kinder mit deutlichen Schwierigkeiten beim Hören und Aussprechen der Laute erhalten kurze und einfach auszusprechende Wörter mit wenigen Konsonantenclustern.

3.2.7 Lautbildung in Verbindung mit Buchstabeneinführung

LERNZIELE

- Verinnerlichung des deutlichen Sprechens der Laute in Verbindung mit vielfältigen Übungen zum Lesen und Schreiben

Übung 34: Sprechen und schreiben

Marx und Steffen (1991) entwickelten das Material „Lesenlernen mit Hand und Fuß“, welches durch viele Übungen zum sensorischen und ganzheitlichen Lernen die Vermittlung und Verinnerlichung von Laut- und Buchstabenkenntnissen unterstützt. Die nachfolgend beschriebenen Übungen orientieren sich an diesem Material.

Dabei sind der Kreativität der Lehrperson keine Grenzen gesetzt, eigene Spiel- und Übungsideen zu entwickeln. Prinzipiell geht es darum, zu jedem einzuführenden Laut und Buchstaben ein Unterrichtsthema anzubieten und anhand dieses Themas den Laut bzw. Buchstaben in verschiedenen Wahrnehmungsbereichen zu üben. Die Methode des Stationenlernens steht bei Marx und Steffen (1991) im Vordergrund. Beim Stationenlernen bewegen sich die Kinder nach einer abgesprochenen Zeitspanne, z.B. 5 bis 15 Minuten, von einer Lernstation zu nächsten. An jeder Station beschäftigen sich die Schüler mit unterschiedlichen Materialien, die ihnen den Lerngegenstand, z.B. den Buchstaben |a|, erfahrbar machen. Es ist jedoch auch möglich, die Übungen im frontalen Unterricht anzubieten und aufzubereiten (Tab. 4).

Tab. 4: Übungen und Spiele zur Laut-Buchstabeneinführung in Anlehnung an Marx und Steffen (1991)

Lern- und Entwicklungsbereiche	Variationen zur Übung	Erläuterungen und Bezug zur Förderung der Aussprache
Motivation/Lernbereitschaft/Aufmerksamkeit	– Geschichte zum Ziellaut hören – Handpuppe, in deren Namen der Ziellaut vorkommt, einsetzen	– Wörter mit dem Ziellaut finden und deutlich aussprechen, Lautzeichen verwenden – Handpuppe motiviert die Kinder zur Bearbeitung verschiedener Übungsaufgaben
	– Realgegenstände zum Ziellaut erfühlen	– Gegenstände benennen (mit Artikel), die Gemeinsamkeit (den gleichen Ziellaut) herausfinden (s. auch Entwicklungsbereich „Fühlen“)
	– Lied, das zum Thema passt und in dem der Ziellaut besonders oft vorkommt, kennenlernen	Wörter mit dem Ziellaut heraushören, deutlich sprechen und singen
Bereich „Sehen“	– Arbeitsblatt zum Unterscheiden des zu übenden Buchstabens von anderen ähnlich aussehenden Buchstaben	– den Buchstaben einkreisen, ankreuzen, ausmalen usw., dabei den Buchstaben mit dem Ziellaut benennen

Fortsetzung von Tabelle 4

Lern- und Entwicklungsbereiche	**Variationen zur Übung**	**Erläuterungen und Bezug zur Förderung der Aussprache**
Bereich „Hören“	– Übungen und Arbeitsblätter zum Heraushören des Ziellautes und / oder zum Heraushören der Lautposition, **z. B. Übung „Den Ziellaut hören“**	– Schüler kreuzen oder malen Bilder mit dem Ziellaut an und benennen die Wörter – Schüler bestimmen die Lautposition des Ziellauts – bei der Verwendung der Arbeitsblätter beim Stationenlernen bietet es sich an, eine Sprachaufnahme auf Laptop, Diktiergerät, Handy oder Recorder zu den Arbeitsblättern zu erstellen, da Kinder mit einem Förderbedarf oft selbst die Begriffe nicht benennen können bzw. nicht deutlich genug sprechen, um den Ziellaut herauszuhören
Bereich „Fühlen“	– Realgegenstände mit dem Ziellaut erfühlen – den Buchstaben zum Ziellaut erfühlen (Holz- oder Moosgummibuchstaben) – den Buchstaben zum Ziellaut nachfühlen, nachspuren, nachfahren	– Schüler erfühlen den Gegenstand und benennen ihn, dabei wird der Ziellaut besonders deutlich gesprochen – Schüler erfühlen den Buchstaben und benennen den Ziellaut – Schüler fühlen / spuren / fahren den Buchstaben aus verschiedenen Materialien mit den Fingern nach und benennen ihn – Buchstaben zum Ziellaut in Plakatschrift bzw. Hohlbuchstaben auf DIN-A4-Papier schreiben, ausschneiden und die ausgeschnittene Fläche mit verschiedenen Materialien hinterkleben (z. B. Sandpapier oder Sand zum s; weiches Flies zum w [weich]; metallisches Papier zum g [glatt]; Federn zum f)
Bereich „Motorik und Kinästhetik“	– Schüler laufen den Buchstaben nach und sprechen dazu den Laut	– Buchstaben werden mit Malerkrepp auf den Boden geklebt (Lauf- bzw. Schreibrichtung beachten, eventuell Lineatur hinterkleben, Anfänge und die Laufrichtung mit Zahlen und Pfeilen kennzeichnen)
Bereich „Spielen“	– Buchstabenmemorys, Memorys zu den Ziellauten einsetzen	– Schüler spielen und benennen den Buchstaben bzw. die Wörter mit dem Ziellaut
Bereich „Sprechen“	– deutliches Sprechen des Ziellauts	– Spiegel nutzen – die Lautbildung beschreiben (Zungenstellung, Kieferstellung, Lippenhaltung) – Einzellaut bilden – Silben sprechen – Wörter mit dem Ziellaut deutlich sprechen Lehrkraft unterstützt an dieser Station.

Lern- und Entwicklungsbereiche	Variationen zur Übung	Erläuterungen und Bezug zur Förderung der Aussprache
Bereich „Bauen/Legen“	– Buchstaben aus verschiedenen Materialien legen oder bauen und dabei deutlich sprechen	Gut geeignete Materialien: – Styroporflocken – Bänder – Pfeifenstopfer – Bausteine – Stäbchen Naturmaterialien: – Kastanien, Eicheln, Steine, Holzstückchen – zur Differenzierung den Kindern mit Schwierigkeiten beim Legen eine Vorlage bereitstellen
Bereich „Formen“	– Buchstaben aus Modelliermasse (Knete, Ton) formen	– zur Differenzierung den Kindern mit Schwierigkeiten beim Legen eine Vorlage bereitstellen (Knetvorlage und Vorlage aus Papier)
Bereich „Schreiben“	– Sandschreiben – Tafelschreiben, Lehrertafel – Tafelschreiben, Schreibtafeln – Schreiben im Vorlageheft	– Schuhkartondeckel werden mit Vogelsand, Aquariumsand oder Ostseesand gefüllt, die Kinder schreiben den Buchstaben in den Sand – den Laut und die Schreibbewegungsabläufe immer mitsprechen lassen – Lehrkraft schreibt den Buchstaben groß an die Tafel, die Kinder schreiben ihn mit verschiedenen Kreidefarben nach – Buchstabe wird als Einzelbuchstabe, in Buchstabenverbindungen und in Wörtern auf einer Schreibtafel für Schüler vorgeschrieben, die Schüler schreiben ihn mit einem abwischbaren Folienstift nach – deutliches und richtiges Schreiben
Bereich „Lesen“	– Lesen des Ziellautes einzeln, in Silben, in Wörtern, in Sätzen – Arbeit mit einer Silbentreppe – Arbeit mit dem Fibeltext – Arbeit mit Kinderbüchern	– Differenzierung je nach Leistungsfähigkeit der Schüler ermöglichen – die Lautzeichen mitzeigen lassen – eine Lesetreppe erstellen und den Laut in den Silben lesen (Online-Zusatzmaterial) – im Fibeltext den Ziellaut farbig kennzeichnen **Hinweise:** – Überhangfolie oder Pergamentpapier einsetzen – eine Seite aus einem Buch heraussuchen, kopieren und die Wörter mit dem Ziellaut heraussuchen lassen (benennen, farbig kennzeichnen, herausschreiben usw.)

Anwendungsprobleme und -voraussetzungen: Wichtig ist, dass die Kinder die Methode des Stationenlernens beherrschen und dass diese im Vorfeld kleinschrittig eingeführt wird.

Für Schüler mit verringerter Konzentrations- und Aufmerksamkeitsspanne sollten kurze, klar strukturierte Phasen vorbereitet werden (z. B. Aufgabenübersicht zum Abhaken für eine Unterrichtsstunde, genaue Zeitvorgabe für jede Station, Partnerarbeit mit Kontrollfunktion, Entspannungs- und Bewegungsübungen).

Weitere Hinweise: Unbedingt die Lautzeichen so lange einsetzen, bis die Schüler die Schreibung und die Laut-Buchstabe-Zuordnung (Phonem-Graphem-Korrespondenz) sicher beherrschen. Lautbilder sollten ergänzend eingesetzt werden, indem sie an die Tafel geheftet oder als kleines Lautbild auf den Tisch des Kindes, welches noch Probleme bei der Aussprache des Lautes hat, geklebt werden. So wird das jeweilige Kind an den Laut erinnert, an dem es aktuell noch arbeiten muss.

Sobald der Buchstabe eingeführt ist und bei einem Kind mit einer Ausspracheproblematik der Ziellaut angebahnt wurde (Kap. 3.2.8 Übungen zur richtigen Lautproduktion), ist auf die richtige Aussprache bei diesem Kind zu achten.

3.2.8 Übungen zur richtigen Lautproduktion

LERNZIELE

- Bewusstmachen der Bedeutung und die Realisierung einer korrekten Lautproduktion

Nachdem die Einführung der Buchstaben und Laute erfolgt ist, nutzen viele Schulen Lehrwerke im Deutschunterricht, bei denen ein besonderer Rechtschreibschwerpunkt in einer entsprechenden Unterrichtseinheit bearbeitet wird. Es ist ein bestimmtes Wortmaterial vorgegeben, das die Kinder lesen und rechtschreiblich beherrschen sollten. Die im weiteren Verlauf aufgeführten Übungsbeispiele nehmen dieses Wortmaterial als Ausgangspunkt für eine gezielte Sprachförderung. So sollten z. B. beim Rechtschreibschwerpunkt „Wörter mit d", die entsprechenden sprachlichen Übungen ebenfalls darauf ausgerichtet werden.

Bei Kindern mit Aussprachestörungen ist auf eine individuelle Anpassung der zu sprechenden und zu schreibenden Wörter zu achten.

Bildung des Ziellautes als Einzellaut

Übung 35: Wie bilde ich den Laut richtig?

Material: Handspiegel

Übungsablauf: Die Lehrkraft erarbeitet mit den Schülern den Laut, mit dem sich alle Übungen der folgenden Unterrichtseinheit beschäftigen, z. B. Wörter mit /r/ oder Wörter mit /d/ und /t/. Sie erläutert, wo und wie der Laut gebildet wird und demonstriert es. Die Kinder haben am besten einen Handspiegel, produzieren den Laut und betrachten dabei ihre Sprechwerkzeuge, also Lippen, Zunge, Kieferstellung, Mundöffnung. Gibt es Laute, die ähnlich klingen? Welche sind es? Was ist anders?

Weitere Hinweise: Die Lehrkraft sollte wissen, wie und wo der zu vermittelnde Laut gebildet wird.

Das deutliche Vor- und Nachsprechen ist wichtig. Zum Sprechen sollte immer genug Zeit eingeplant werden.

Ein fehlerhaft ausgesprochener Laut wird korrigiert, z. B. durch korrektives Feedback.

Generell gilt, dass Kinder mit Beeinträchtigungen der Aussprache den Ziellaut zunächst im Anlaut, dann im Endlaut und zuletzt im Inlaut üben sollten. Diese Vorgehensweise stellt eine zunehmende Steigerung des Schwierigkeitsgrades dar.

Sehr anschauliche Texte und Videos zur Lautbildung werden dargestellt auf der Internetseite www.logomedien.de (Reiter „Artikulation").

Übung 36: Welches Lautzeichen ist das?

Material: ist nicht notwendig

Übungsablauf: Die Lehrkraft oder ein Kind steht vor der Klasse und zeigt mit den Händen ein Lautzeichen. Die Schüler imitieren das Lautzeichen und sprechen dabei den Laut deutlich aus.

Die Lautzeichen erleichtern den Kindern das Sprechen und dienen als nonverbales Hinweiszeichen, wenn ein Laut fehlerhaft vom Kind ausgesprochen wird. So weiß das Kind, dass es den Laut nicht korrekt gebildet hat und dass es, in Abhängigkeit von der Vereinbarung, den Laut erneut korrekt bilden soll.

Übung 37: Finde den passenden Laut!

Material: Kärtchen mit Lautbildern

Übungsablauf: Die Lehrperson oder ein Kind zeigen Lautbilder, z. B. eine Eisenbahn für den Laut /sch/, ein Wasserhahn für den Laut /t/, ein staunendes Gesicht für den Laut /o/, ein erfreutes Gesicht für das /a/, eine Biene für den Laut /z/. Die Schüler produzieren den Laut.

Übung 38: Errate den Buchstaben!

Material: Overheadprojektor, Folie

Übungsablauf: Die Lehrkraft hat auf dem Overheadprojektor eine Folie mit einem Buchstaben liegen. Der Buchstabe ist mit Papierteilen abgedeckt. Nach und nach deckt die Lehrkraft die einzelnen Papierteile ab, wodurch Ausschnitte des Buchstabens erscheinen. Die Kinder benennen den Buchstaben, den sie vermuten, mit dem zugehörigen Laut.

Bildung des Ziellautes in Silben

Übung 39: Silbentreppe

Bei der Silbentreppe wird nun der Ziellaut mit Vokalen, Zwielauten und morphologischen Einheiten (wie /en/, /el/, /er/, /es/) verbunden. Das kann mündlich durch Vor- und Nachsprechen, z. B. mittels einer Handpuppe, erfolgen oder in Form einer Leseübung (Abb. 12).

Verschiedene Silbenlesetreppen stehen als Online-Zusatzmaterial zur Verfügung.

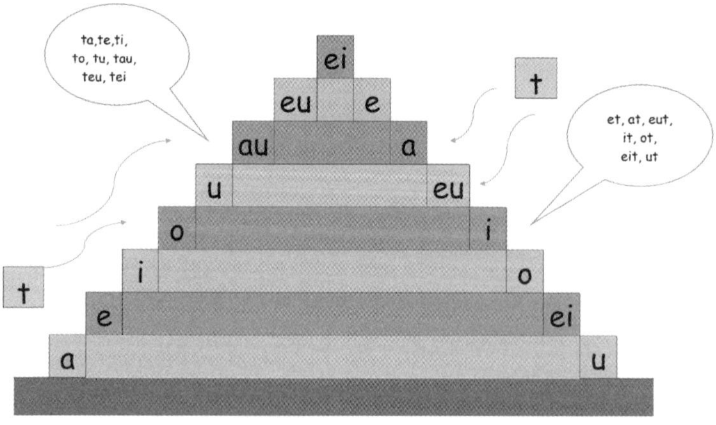

Abb. 12: Beispiel einer Lesetreppe

Bildung des Ziellautes in Wörtern

Übung 40: Wörtersuche

Übungsablauf: Den Schülern wird ein Text vorgelegt, in dem der Ziellaut sehr oft vorkommt. Die Schüler haben den Auftrag, diesen herauszufinden, ihn im Text einzukreisen oder nachzuschreiben und die Wörter dann deutlich auszusprechen. Sehr einfache geeignete Texte finden sich im Kieler Lese- und Rechtschreibaufbau und oft auch in den verschiedenen Fibeln und Erstlesebüchern.

Material: Textvorlagen mit dem Ziellaut

Dummer-Smoch, L., Hackethal, R. (2007): Kieler Leseaufbau. Handbuch und Übungsmaterialien. Veris, Kiel

Übung 41: Bilder sortieren

Übungsablauf: Die Schüler erhalten Bilder, deren Benennung den Ziellaut erfordert. Sie sprechen die Wörter aus und sortieren die Bilder nach Vorkommen des Ziellautes (vorn, innen, hinten).

Variation: Die Schüler erhalten eine Wörterliste mit Wörtern, die den Ziellaut enthalten. Sie sprechen die Wörter deutlich aus, schreiben sie ab, sortieren sie nach Vorkommen des Ziellautes im Wort (vorn, innen, hinten).

Material: Bildmaterial mit dem Ziellaut in verschiedenen Lautpositionen

Übung 42: Wer findet mehr Wörter?

Übungsablauf: Einige Schüler der Klasse werden nach vorn gerufen und in zwei Gruppen eingeteilt. Eine Gruppe erhält einen kleinen Lernauftrag, den sie auf dem Flur erledigen kann. Die andere Gruppe erhält nun die Aufgabe, in einer Minute so viele Wörter mit /sch/ oder /s/ oder /f/ wie möglich zu nennen. Die Lehrkraft schreibt verdeckt an der Tafel mit. Doppelnennungen werden abgezogen. Die Anzahl der korrekten Nennungen entspricht der Punktzahl, die die Gruppe erhält. Nun ist die zweite Gruppe an der Reihe. Wer findet mehr Wörter?

Material: Tafel und Kreide

Übung 43: Sprachspiele zur Lautproduktion

Übungsablauf: In einer Unterrichtsstunde können die Schüler verschiedene Sprachspiele in Gruppen spielen.

Material: Sprachspiele

Spiele zur Lautbildung aus dem TRIALOGO Verlag, zu beziehen unter www.trialogo.de..

Bildung des Ziellautes in Sätzen

Übung 44: Lustige Sätze bilden

Material: ist nicht notwendig

Übungsablauf: Die Lehrkraft gibt den Kindern ein oder zwei Wörter (mit dem Ziellaut) vor, indem sie Bilder vorlegt oder die Wörter nennt. Die Schüler bilden zu diesen Wörtern lustige Sätze.

Variation: Das Wortmaterial aus dem Rechtschreibunterricht wird verwendet und eine Wörterliste erstellt. Zu jedem Wort der Wörterliste (oder zu zwei und drei Wörtern gleichzeitig) wird ein Satz gebildet.

Übung 45: Reim- und Liedersammlung

Material: Gedichte und Lieder mit dem Ziellaut

Übungsablauf: Gerade in den Klassenstufen eins und zwei lohnt es sich, eine Reime- und Liedersammlung zu jedem Laut anzulegen.

Das Geschichtenlied „Stups der kleine Osterhase“ von Rolf Zuckowski (CD „Rolfs Kinderfrühling“) ist zur Festigung des /st/ und des /scht/ ebenfalls gut geeignet.

Weitere Lieder und Gedichte finden sich in:

Unterumsberger, A., Vogel, H. (2000): Mein Liederkästchen, Liederbuch für die Grundschule. Volk und Wissen, Berlin und Leipzig

Übung 46: Geschichten erfinden

Material: Papier und Stift

Übungsablauf: Die Schüler erhalten den Auftrag, eine Geschichte (zwei oder mehr Sätze) zu erfinden, in der möglichst oft der Ziellaut vorkommt. Die Geschichte kann erzählt oder aufgeschrieben und vorgelesen werden.

Übung 47: Einkaufsspiel

Material: Realgegenstände mit dem Ziellaut

Übungsablauf: Die Klasse wird in Gruppen eingeteilt. Jede Gruppe erhält einige Realgegenstände mit dem Ziellaut. Die Kinder dürfen sie spielerisch kaufen und sollen dabei vollständige Sätze bilden.

Übung 48: Zungenbrecher, Gedichte und Lieder

Material: Zungenbrecher

Übungsablauf: Kindern ohne Aussprachestörung und solchen im höheren Grundschulalter können schwierige Ausspracheaufgaben angeboten werden.

Zahlreiche Zungenbrecher gehören zum gesellschaftlichen Allgemeingut. Hier einige Beispiele:

BEISPIEL

/d/
Der dünne Diener trägt die dicke Dame durch den Dreck, da dankt die dicke Dame, dass der dünne Diener die dicke Dame getragen hat.
Weißt du, dass das „Das" das meist gebrauchte Wort im Satz ist?
/ts/
Zehn zahme Ziegen zogen zehn Zentner Zucker zum Zoo.
/a/
Als Anna abends aß, aß Anna abends Ananas.
/f/
Fischers Fritze fischte frische Fische. Frische Fische fischte Fischers Fritze.
/p/ und **/k/**
Der Cottbusser Postkutscher putzt den Cottbusser Postkutschkasten blank.
/u/
In Ulm und um Ulm und um Ulm herum.
/w/
Wir waren in Waren, da waren die Waren schon ausverkauft.
/m/
Wenn euer Moppel nicht aufhört, zu unserem Moppel „Moppel" zu sagen, sagt unser Moppel so lange zu eurem Moppel „Moppel", bis euer Moppel aufhört, zu unserem Moppel „Moppel" zu sagen.

Übung 49: Wörtermemory

Material:
Bildpaare mit dem Ziellaut, Tafel, Magnete

Übungsablauf: Den Schülern werden Bilder an der Tafel präsentiert, deren Bezeichnungen den Ziellaut enthalten. Jedes Bild ist zweimal vorhanden. Die Bilder werden deutlich mit Artikel benannt und umgedreht. Nun kann die Klasse Memory spielen (dabei immer auf die Wortproduktion achten). Ebenso kann der Plural gebildet werden.

Variation: Es können auch Bild- oder Wortkarten zu Sachkundethemen oder mathematischen Begriffen angefertigt und verwendet werden, die den entsprechenden Ziellaut enthalten. Die Begriffe können dann entsprechend gefestigt werden, z. B. Summe, Subtraktion, Symmetrie, Plus, Summand, Subtrahend usw.

4 Praxishilfen zur Wortschatzförderung

4.1 Basisinformationen zu den Störungen des Wortschatzes

BEISPIEL

Wenn Kinder Probleme beim Wortschatzerwerb haben, dann sagen sie Sätze wie:
Ich habe ... Dings ... äh, ach nee.
Zeig mir mal diese ... diese ... da. (Zeigegeste)
Gib mir die Schüssel, nein, das nicht, die da, ... die Teller.
Meine Hände sind abgesaubert.

DEFINITION

Störungen des Wortschatzes

Störungen des Wortschatzes (semantisch-lexikalische Störungen) liegen vor, wenn es den Kindern oder Jugendlichen nicht gelingt, sich so auszudrücken, dass sie von anderen Personen verstanden werden oder der verwendete Wortschatz nicht dem der entsprechenden Altersklasse entspricht (Glück 2008).

Das kann zum einen daran liegen, dass ihnen die Bedeutung der Wörter nicht oder nicht vollständig bekannt ist. Zum anderen kann die Ursache auch darin begründet sein, dass sie die Wörter nicht richtig aus dem Gedächtnis abrufen können (Glück 2008). Nach Glück (2003) handelt es sich um die Teilsymptomatik einer übergreifenden Sprachentwicklungsstörung, nicht um ein eigenständiges Störungsbild.

Gieseke und Harbrucker (1991) schätzen auf der Grundlage einer Fragebogenerhebung 30 % aller Grundschulkinder, mehr als die Hälfte aller Kinder in Sprachheilschulen und ca. 40 % aller Kinder mit Lernbehinderungen als wortschatzschwach ein.

Speicherung des Wortschatzes

Um Wortschatzstörungen näher beschreiben zu können, ist es sinnvoll, sich ein Modell über die Speicherung des Wortschatzes im Gedächtnis näher anzuschauen. Der Sprachwissenschaftler Levelt (1989) strukturiert die Einträge im Wortschatzgedächtnis in zwei unterschiedliche Repräsentationen: die Lemma- und die Lexemebene.

Lemma und Lexem

Wie Abb. 13 zeigt, beinhaltet die *Lemmaebene* die bedeutungshaltigen (semantisch-konzeptuellen) und syntaktischen Aspekte, die *Lexemebene* die morphologischen und phonologischen Aspekte des Wortwissens (Levelt 1989).

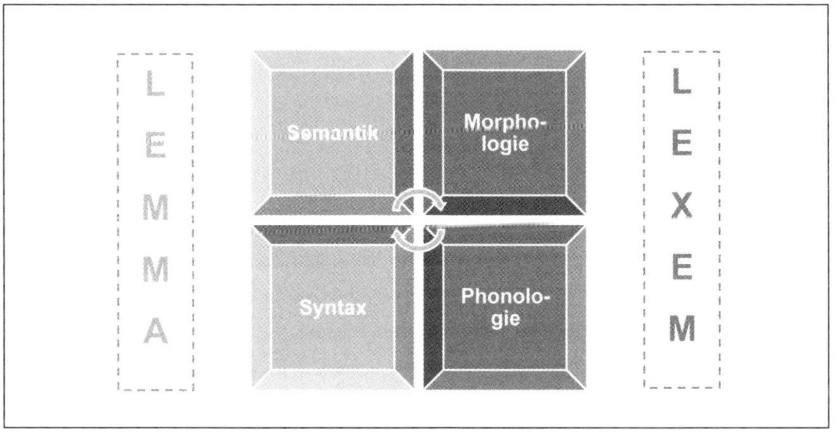

Abb. 13: Modell des mentalen Lexikons

Symptomatik

Aufgrund dieser Komplexität des Wortschatzaufbaus und seiner Speicherung sind Probleme im Wortschatz vielfältig. So können Kinder einen geringen Wortschatzumfang haben. Eine andere Form der Störung kann zu einem undifferenzierten Bedeutungsaufbau (z. B. keine Unterscheidung zwischen Tasse und Glas) und mangelnden Bedeutungsbeziehungen (z. B. wird kein Zusammenhang zwischen Hand und Arm hergestellt) führen.

Probleme im Wortformlexikon sind gekennzeichnet durch eine fehlerhafte und diffuse phonologische Repräsentation (z. B. Tatze und Katze wird beides als Tatze abgespeichert und gesprochen).

Kindern und Jugendlichen mit Wortschatzproblemen stehen auch vertraute Wörter nicht oder nicht schnell genug zur Verfügung. Dies erkennt man an langen Antwortzeiten bei alltäglichen Begriffen wie „Heft". Sie verwenden häufig Platzhalter („weißt du", „weiß nicht") oder unspezifische Wörter („Dings") oder bilden Wortneuschöpfungen. Auffällig ist auch, dass sie semantische Ersetzungen, Oberbegriffe („Anziehsachen" für Hose), nebengeordnete oder untergeordnete Wörter (Glas für Tasse), Umschreibungen („Das, wo man besser durch sieht" für Brille) oder Gesten verwenden.

Auswirkungen Mögliche Auswirkungen semantisch-lexikalischer Störungen zeigen sich im Sprach- und Leseverständnis, in der Kommunikation mit anderen Menschen und in psychischen Symptomen (Schweigen, Rückzug aus und Vermeidung von sprachlichen Situationen).

Oft führen die lexikalischen Probleme auch zu einer ausgeprägten Begleit- und Folgesymptomatik. Die Kinder zeigen ein geringeres Neugierverhalten und fragen kaum nach ihnen unbekannten Wörtern. Immer wieder wird in der Literatur auf ein problematisches Lern- und Leistungsvermögen hingewiesen, da das Aufgabenverständnis, der Erwerb der Schriftsprache und das Erlernen von Fremdsprachen auf ein eingeschränktes semantisch-lexikalisches Wissen aufbauen müssen (Glück 1998).

Umso wichtiger ist es, diese Probleme des Wortschatzerwerbs im Unterricht in den Blick zu nehmen. Die nachfolgend beschriebenen Übungen geben dazu eine Vielzahl von Anregungen.

4.2 Übungen zur Wortschatzförderung

4.2.1 Lernen mit mehreren Sinnen

LERNZIELE

- Berücksichtigung unterschiedlicher Sinneskanäle beim Erlernen neuer Wörter

Die Einbeziehung aller Sinne unterstützt das Lernen in seinen unterschiedlichen Dimensionen, so auch beim Erwerb des Wortschatzes.

Übung 50: Ich packe in meinen Koffer ... viele neue Wörter

Material: Fotos

Übungsablauf: Diesem Spiel sollten Erlebnis- und Sinneseindrücke vorausgehen. So könnte beispielsweise ein Obstsalat vorher zubereitet worden sein, ein Zoobesuch stattgefunden haben oder ein Wandertag mit einem bestimmten Ziel vorausgegangen sein. Die Kinder sitzen im Stuhlkreis. Die Lehrkraft sagt: „Ich packe in meinen Koffer ... eine Eidechse." Das nachfolgende Kind greift diesen Satz auf, wiederholt das „eingepackte" Wort und erweitert den

Satz um einen eigenen Begriff: „Ich packe in meinen Koffer eine Eidechse und einen Hund.“ Das dritte Kind ergänzt den Satz um einen dritten Begriff, welcher zum Unterrichtsthema passt. Wer merkt sich die meisten Wörter in der richtigen Reihenfolge?

Als Merkhilfe könnten Fotos eingesetzt werden, die bei dem Ausflug oder bei der Herstellung des Salates erstellt wurden und die nun in ungeordneter Reihenfolge an der Tafel heften.

Übung 51: Was beschreibe ich?

Material: evtl. Aufsteller, Gegenstände

Übungsablauf: Alle Kinder sitzen an ihrem Platz. Die Lehrkraft wählt ein Kind aus, welches sich einen Gegenstand im Klassenzimmer aussucht und den anderen Kindern nur mit Adjektiven beschreibt. Diese dürfen erraten, um welchen Gegenstand es sich handelt. Derjenige, der richtig rät, ist als nächstes dran.

Manchen Kindern fällt es schwer, nicht zum jeweiligen Gegenstand zu schauen, wenn sie ihn beschreiben. Dann ist es möglich, dass das Kind eine Auswahl an Gegenständen hinter einem Aufsteller zur Verfügung hat, die von den anderen Kindern nicht gesehen werden können. Der Gegenstand kann so auch berührt und getastet werden.

Übung 52: Was ist eigentlich alles …?

Material: Farbkarten

Übungsablauf: Die Lehrkraft gibt eine Farbe vor, z. B. „blau“. Das Wort oder das Bild „blau“ wird an die Tafel geheftet. Die Kinder beschreiben nun Gegenstände, die die Farbe „blau“ haben: Himmel, Wasser, Marvins Lieblingspullover. Die Assoziation neuer Objektbezeichnungen mit deren Farben (visueller Sinneskanal) unterstützt die Wortspeicherung. Wie viele Dinge finden wir?

Übung 53: Wie schmeckt das?

Material: Spießer, Lebensmittel

Übungsablauf: Es werden verschiedene Lebensmittel mundgerecht auf die Spießer geschoben. Alle Geschmacksproben werden benannt und beschrieben, eventuell auch bereits im Vorhinein geschmeckt. Die Schüler dürfen sagen, wenn sie etwas überhaupt nicht mögen. Das merkt sich der Lehrer. Die Kinder schließen nun die Augen und strecken die Zunge heraus. Die Lehrkraft legt verschiedene Lebensmittel auf die ausgestreckte Zunge. Die Lebensmittel sollen anhand ihres Geschmacks erkannt und beschrieben werden. Die vorherige Sichtung der Lebensmittel erleichtert es den Kindern, das notwendige Vertrauen aufzubringen, die Augen zu schließen und sich etwas in den Mund legen zu lassen.

Variationen: Stufe 1: Drei Lieblingsspeisen der Kinder werden in der Schule zubereitet. Ihr Geschmack wird besprochen. Später fordert die Lehrkraft die Kinder auf, ihr Lieblingsgericht zu beschreiben. Die anderen Kinder versuchen zu erraten, um welche Speise es sich handelt.
Stufe 2: Die Lehrkraft gibt eine Geschmacksrichtung vor, wie süß, sauer, salzig, bitter oder scharf. Die Kinder nennen Nahrungsmittel oder Gerichte, welche sie mit diesem Geschmack verbinden.

Anwendungsprobleme und -voraussetzungen: Sehr wichtig ist es, bei den Übungen, in denen Lebensmittel verwendet werden, zuvor bestehende Lebensmittelallergien über einen Elternfragebogen in Erfahrung zu bringen.

Übung 54: Ich fühle etwas, das ist …

Material: Fühlsäckchen oder Fühlkiste, Gegenstände

Übungsablauf: Vor den Schülern werden verschiedene Gegenstände ausgebreitet, benannt, in die Hand genommen, gefühlt und beschrieben, die zur Unterrichtsthematik passen. Später werden die Gegenstände hinter einem Aufsteller versteckt und einer der Gegenstände wird in das Säckchen gelegt. Ein Kind wird aufgefordert, hineinzugreifen und zu beschreiben, was es fühlt. „Es ist klein, hart, glatt und hat eine kleine Kerbe an einer Seite". Die anderen Kinder erraten, was es sein könnte (Kastanie).

Variation: Die Kinder sitzen im Kreis und legen ihre Hände hinter den Rücken. Die Lehrkraft gibt einem Kind einen Gegenstand in die Hand, welchen es mit nur einem Wort beschreiben soll („Ich fühle etwas, das ist glatt."). Dann wird der Gegenstand an das nächste Kind weitergegeben. Dieses ergänzt nun die Beschreibung des Objektes um einen weiteren Begriff („Ich fühle, dass es scharfe Kanten hat."). Dann kommt das nächste Kind an die Reihe („Außerdem ist es aus Holz.").

Anwendungsprobleme und -voraussetzungen: Diese Übung eignet sich sehr gut als spannender Stundeneinstieg und zur Aktivierung zentraler Begriffe in der nachfolgenden Stunde.

Übung 55: Was fühlst du? I

Material: Realgegenstände zum Erfühlen

Übungsablauf: Die Schüler legen ihre Hände auf den Rücken. Gegenstände, deren Benennung die Bildung des Ziellautes erfordert, werden den Kindern hinter dem Rücken in die Hände gelegt. Auf die Frage „Was fühlst du?" benennen sie den Gegenstand (mit Artikel).

Übung 56: Mein Wörterkoffer

Übungsablauf: Die Kinder stellen sich vor, sie wären im Urlaub auf einer Insel, oder in einem magischen Kaufhaus, in dem es allerlei Besonderheiten gibt, oder im Zoo.

Material: evtl. Bilder, Farben, Duftproben, Fotos

Es können nun Wörter aus diesem Kontext in den „magischen Koffer" gepackt werden: „Ich packe in meinen Koffer einen Megawasserfall!" „Ich packe in meinen Koffer einen Megawasserfall und eine Supertauchausrüstung."

Variation: Um dem Lernen mit mehreren Sinnen gerecht zu werden, kann man auch Bilder, Farben oder Düfte vorgeben.

Übung 57: Ich höre etwas, das ist …

Übungsablauf: Die Kinder sollen bei dieser Übung Begriffe mit auditiven Eindrücken verbinden. Am einfachsten gelingt dies mit Instrumenten. Eine Triangel und ein Xylophon klingen hoch und relativ lang. Eine Trommel und eine Pauke klingen kurz und dumpf. Ein Becken klingt laut und scheppernd. Musikinstrumente können ihren charakteristischen Klängen zugeordnet werden (der Klang eines Klavieres, einer Trompete, einer Klarinette). Wie klingen aber andere Gegenstände? Das Hochschieben der Tafel klingt reibend. Die Tafelkreide klingt kratzend. Beim Auspacken des Frühstücks klingt die Alufolie raschelnd. Das Benennen dieser unterschiedlichen Geräusche erweitert das Wissen zu den Begriffen um die Adjektive, mit denen sie beschrieben werden.

Material: Orff-Instrumente

4.2.2 Vermittlung von Wortbedeutungen und Wortgestalten

LERNZIELE

- Erlernen von Wortbedeutungen und Wortgestalten

Wortschatzvermittlung als Unterrichtsprinzip

Die im Unterricht zu erlernenden Wörter müssen für die weitere thematische Arbeit inhaltlich und phonologisch korrekt zur Verfügung stehen. Daher sollte Wortschatzarbeit als generelles Unterrichtsprinzip verstanden werden. Gerade bei Schülern mit Wortlernschwierigkeiten oder einem geringen aktiven Wortschatz muss dies aufbauend erfolgen. So sollten zunächst geeignete

Wörter aus dem im Unterricht zu bearbeitenden Bereich ausgewählt, diese anschließend vielfältig geübt und später immer wieder in unterschiedlichen Situationen abgerufen werden.

Die folgenden Hinweise zur Auswahl von Wörtern entstanden in Anlehnung an Reber/Schönauer-Schneider (2022, 103).

Übung 58: Hinweise zur Auswahl von Wörtern

Es gilt, zum Thema geeignete Begriffe auszuwählen, die mit den Schülern erarbeitet werden sollen. Dabei muss beachtet werden, dass das Erlernen eines Wortes von unterschiedlichen Faktoren abhängt:

- Häufig genutzte Begriffe haben eine höhere Alltagsrelevanz und sind breiter einsetzbar als selten verwendete Wörter.
- Konkrete Begriffe sind einfacher als abstrakte.
- Wörter mit geringer phonologischer Komplexität sind einfacher abzuspeichern als schwierigere. Neu zu erlernende Wörter sollten also möglichst nicht mehr als zwei Silben haben, keine Mehrfachkonsonanz bzw. Konsonantencluster aufweisen und möglichst auch keine fremdsprachigen Wörter mit ungewöhnlicher Betonung oder Silbenstruktur sein.
- Neben Nomen sollten auch Wörter anderer Wortarten aufgenommen werden, v.a. Verben und Adjektive.
- Schülern mit Wortschatzproblemen bereitet das Einprägen und Verwenden der sehr häufigen Funktionswörter (Pronomen, Präpositionen, Konjunktionen) Probleme. Diese beeinflussen die Bedeutung des Satzes jedoch maßgeblich und müssen daher differenziert sowohl rezeptiv als auch produktiv erarbeitet werden.

Übung 59: Hinweise zur Planung konkreter Spielhandlungs- oder Lernsituationen

Jeder Lernstoff sollte entsprechend der kognitiven Entwicklung eines Kindes in drei Stufen dargestellt werden: zunächst enaktiv (handelnd), dann ikonisch (bildlich), schließlich symbolisch (formal) (Bruner et al. 1971). D.h., dass man zu Beginn v.a. Spielhandlungskontexte mit Realgegenständen (z.B. echtes Obst und Gemüse) verwenden und erst später zu Bildkarten (beispielsweise in Memoryspielen) übergehen sollte. Ganz am Schluss stehen symbolische Situationen, z.B. ein Gespräch über ein Wort ohne visuelle Unterstützung.

Übung 60: Hinweise zur Präsentation neuer Wörter

Generell sollten die Begriffe zu Beginn rezeptiv und möglichst häufig – im Sinne eines „Sprachbombardements" – präsentiert werden. Die Lehrkraft verwendet in einer Einführungsstunde möglichst vielfältig alle Aspekte des zu erlernenden Wortes. Sie sollte es in seiner inhaltlichen (z. B. Aprikose: süß, Obst, gelb-orange), seiner lexikalischen (vier Silben, beginnt mit /a/) und seiner syntaktisch-morphologischen Bedeutung (Nomen, weiblich) verwenden.

Erst später müssen die Schüler die Wörter selbst produzieren.

Übung 61: Stimmentheater

Übungsablauf: Die Lehrkraft wählt einen Begriff aus und spricht ihn der Klasse in unterschiedlichen Stimmlagen vor. Die Kinder wiederholen, was die Lehrkraft gesagt hat. Alternativ kann die Lehrkraft zusätzlich die jeweiligen Silben begleitend klatschen oder dazu das Orff-Instrumentarium nutzen und den Begriff in eine Geschichte einbauen (Reber/Schönauer-Schneider 2022).

Material: evtl. Orff-Instrumente

BEISPIEL

Lehrkraft [leise]: „Hier kommt der schüchterne ... [Pause] Ham – mer – hai. (evtl. begleitend klatschen)
Kinder [leise]: Ham – mer – hai
Lehrkraft [laut]: „Aber er ist auch manchmal ganz furchtbar laut, der ... [Pause] Ham – mer – hai
Kinder [laut]: Ham – mer – hai
Lehrkraft [langsam]: „Morgens ist er auch ganz schrecklich müde, der ... [Pause] Ham – mer – hai
Kinder [langsam]: Ham – mer – hai

Viele weitere Übungen finden sich in:
Reber, K., Schönauer-Schneider, W. (2022): Bausteine sprachheilpädagogischen Unterrichts. 5., aktual. Aufl. Ernst Reinhardt, München

Übung 62: Pantomime

Übungsablauf: Die Klasse wird in mehrere Gruppen eingeteilt, z. B. anhand der Gruppentische oder der Bankreihe. Es kommt ein Kind nach vorn und zieht bei der Lehrkraft einen Papierstreifen, auf dem ein Begriff steht. Diesen

Material: Papierstreifen mit Begriffen

versucht es nun vor der Klasse pantomimisch darzustellen. Die Gruppe, die zuerst den Begriff errät, bekommt einen Punkt. Danach kommt ein Kind aus einer anderen Gruppe nach vorn und stellt den nächsten Begriff pantomimisch dar.

Übung 63: Sprich das Wort mit unterschiedlicher Stimme

Material: ist nicht notwendig

Übungsablauf: Die Lehrkraft spricht zunächst vor, dann sprechen die Kinder nach. Dabei verändert sich die Stimmlage.

Die Kinder sollen sich z. B. den Begriff „Substantiv" einprägen. Sie sollen ihn möglichst oft in verschiedenen Varianten sprechen, z. B.:

BEISPIEL

- langsam (wie eine Schnecke)
- schnell (wie eine Eidechse)
- hoch (wie eine Lerche)
- tief (wie ein Brüllaffe)
- hoch und sehr schnell (wie Mickymaus)
- tief und sehr langsam (wie ein Elefant)
- überartikuliert (wie eine Prinzessin)
- Stimme verändert sich von hoch zu tief im Wechsel (wie ein Wal)
- abgehackt, in Silben (wie ein Roboter)
- stark gedehnt (wie Kaugummi)
- flüsternd
- laut rufend

Übung 64: Wortketten

Material: ist nicht notwendig

Übungsablauf: Die Lehrkraft gibt ein zusammengefügtes Namenwort vor, z. B. „Dorfkirche". Die Kinder erkennen die beiden Wörter des zusammengesetzten Nomens und trennen diese. Sie führen nun die Kette fort, indem das letzte Wort an die vordere Stelle des nächsten Wortes rückt: „Kirchenschiff" – „Schiffsreise" – „Reisefieber" – „Fieberthermometer".

Übung 65: Ich male, du malst, er malt auch

Material: Tafel, farbige Kreide oder Wortkarten

Übungsablauf: Bei der Erarbeitung von Verben sollte unbedingt darauf geachtet werden, dass die Verbform auch in der gebeugten Form verwendet wird. Die Schüler können dies in unterschiedlichen Übungen anwenden. So können sie aufgefordert werden, Sätze zu vervollständigen, die mit bestimmten Personalpronomen anfangen („Ich laufe zu Martin. Dann läuft Martin zu dir. Und du läufst wieder zu mir.“). Sie können die Namen der anderen Kinder verwenden oder, wenn sie bereits im Schriftspracherwerb fortgeschritten sind, Satzanfänge mit Namen oder Personalpronomen lesen und selbst ergänzen. Weiterhin kann die Darstellung der Verben auf Wortkarten bzw. an der Tafel erfolgen, der Wortstamm unterstrichen werden, die Endungen grün eingekreist und die Kapitäne blau hervorgehoben werden, die Blitzer können gelb gekennzeichnet und Rechtschreibbesonderheiten (doppelte Mitlaute, ck, tz usw.) orange hervorgehoben sowie die Veränderungen bei der Verbbeugung visualisiert werden.

Anwendungsprobleme und -voraussetzungen: Es ist darauf zu achten, dass Kinder mit Sprachentwicklungsauffälligkeiten beide Wortschatzdimensionen erwerben und auch beides rezeptiv und aktiv verwenden. Sie sollten sowohl den Inhalt, also die Bedeutung eines Wortes, als auch dessen Wortgestalt wiedergeben können. Dazu müssen sie immer wieder zum Benennen aufgefordert werden. Der Abruf neu erlernter Wörter gelingt jedoch meist langsamer als bei den sprachentwicklungsnormalen Mitschülern. Hier muss die Lehrkraft den Kindern entsprechend Zeit geben.

Übung 66: Male ein Bild!

Material: Papier, farbige Malstifte

Übungsablauf: Die Kinder werden aufgefordert, das Zielwort bildlich darzustellen. Es sollen möglichst Farbe und Form getreu dargestellt werden.

Gerade Wortarten wie Verben und Adjektive können sehr unterschiedlich dargestellt werden. Die Lehrkraft sollte die Kinder auffordern, ihre Gedanken zum Bildinhalt darzulegen und erkennt so, ob es inhaltlich korrekt abgespeichert wurde.

4.2.3 Festigung der erlernten Wortbedeutungen

LERNZIELE

- Verbesserung der Speicherqualität der Zielwörter im mentalen Lexikon

Die Übungen dienen dem Abruf der Wörter im richtigen Kontext. Dies festigt den „Einbau“ der Zielwörter ins mentale Lexikon und damit die Anwendung der Wörter.

Übung 67: Was meinst du mit Dingsda?

Material: ist nicht notwendig

Übungsablauf: Die Kinder sitzen an ihren Plätzen und versuchen, ohne mit dem Finger darauf zu zeigen, die Lehrkraft durch sprachliche Umschreibungen dazu zu bewegen, einen Gegenstand im Klassenraum anzufassen oder anzuheben oder ähnliches. Dabei dürfen sie den Gegenstand nicht beim Namen nennen, sondern nur mit Hilfe von Wörtern beschreiben.

„Es ist meistens weiß. Man kann damit schreiben. Es quietscht ganz schrecklich, wenn man es zu doll aufdrückt. Es kann auch rot und gelb sein oder eine andere Farbe haben." (Auflösung: Kreide im Tafelkasten)

Variationen: Stufe 2: Um es schwieriger zu gestalten, könnte man die Anzahl der Wörter, welche die Kinder zur Umschreibung benutzen dürfen, eingrenzen, z.B. nur fünf Beschreibungen: grün, Licht, Erde, Blüte, klein (Blumentopf).

In einem nächsten Schritt kann die Rolle des Auszuführenden ein Schüler übernehmen.

Stufe 3: In höheren Klassenstufen können die Kinder bestimmte Wortarten weglassen, z.B. die Nomen, und stattdessen „Dingsda" oder „Dings" sagen. Das hört sich dann so an: „Das Dingsda steht auf dem Dingsda. Das Dingsda riecht gut und hat bunte Dings. Dazwischen sind viele grüne Dings." (Mit etwas Glück errät die Lehrkraft den Blumenstrauß auf dem Fensterbrett).

Übung 68: Laute Post

Material: ist nicht notwendig

Übungsablauf: Die Kinder sitzen in einem großen Stuhlkreis. Die Lehrkraft sagt dem Kind, welches neben ihm sitzt, ein Wort, z.B. „Kreis". Das Kind sagt seinem Nachbarn nun das nächste Wort, welches es mit „Kreis" assoziiert z.B. „rund". Der Nachbar gibt nun wiederum das nächste Wort an das nächste Kind weiter, z.B. „Ball", dann könnte das darauffolgende Kind „Sport" sagen und so fort.

Übung 69: Wie viele Wörter mit ... findest du?

Material: evtl. Stifte und Papier

Übungsablauf: Zu Beginn des Spiels wird die Klasse in mehrere Gruppen aufgeteilt. Jede Gruppe erhält ein Wortfeld, welches aus dem aktuellen Unterrichtskontext stammt. Dabei können auch unterschiedliche Fächer berücksichtigt werden, z. B. „Werkzeuge" aus dem Fach Werken, „Kleidung" aus dem Fach Sachkunde, „Nahrungsmittel" aus dem Fach „Hauswirtschaft". Die Lehrkraft beginnt nun still für sich das Alphabet aufzusagen, bis ein vorher bestimmtes Kind „Stopp!" sagt. Die Lehrkraft nennt den Buchstaben, bei dem sie gerade war. Nun versucht jede Gruppe für den vorgegebenen Buchstaben innerhalb einer Zeitspanne (eine Minute) möglichst viele Wörter zu seinem Themenfeld zu finden.

Variationen: Stufe 2: Im Fach Deutsch können in ähnlicher Weise möglichst viele Wörter aus den bereits behandelten Wortarten gesucht werden.

Die erste Gruppe sucht Adjektive, die mit /a/ beginnen, die nächste Gruppe Nomen, die dritte Gruppe Verben.

Stufe 2/3: Möglich ist auch, dass jede Gruppe je ein Adjektiv, ein Verb und ein Nomen mit dem gleichen Anfangsbuchstaben sucht. Die Gruppe hat gewonnen, die in jeder Wortart ein Wort gefunden hat. Hierzu eignet sich eine Spielvorlage, in der der Tabellenkopf vorgegeben ist (Spalten: Nomen, Verb, Adjektiv, Präposition).

Übung 70: Wort des Tages/Worte der Woche

Material: Kiste, Wortkarten

Übungsablauf: Jeden Tag zieht ein Kind aus einer Wortschatzkiste ein Wort, welches in der Klasse besprochen wird. In der Wortschatzkiste können Wörter enthalten sein, die zum Unterrichtsthema passen oder auch Wörter, die die Kinder gehört haben und nicht kennen. Das Wort wird dann im Klassenzimmer aufgehängt und ist für den Tag „das Wort des Tages". Am Ende der Woche hängen fünf Wörter an der Wand, welche „die Worte der Woche" darstellen. Die Kinder können zusammen mit der Lehrkraft darüber sprechen, wie sie sich die Wörter einprägen wollen und was ihnen zu den Wörtern einfällt, z. B. Bilder dazu malen oder ausschneiden und aufkleben, verwandte Wörter dazuschreiben (Reber/Schönauer-Schneider 2022).

Variationen: Stufe 1: Die Lehrkraft fordert ein Kind auf, einen Begriff aus dieser Kiste zu ziehen. Kann das Kind das Wort richtig beschreiben?
Stufe 2: Nun versucht das Kind mit diesem Wort einen Satz zu bilden oder eine Geschichte zu erzählen.
Stufe 3: Am Freitag wird zu den Wortschatzkarten ein Quiz durchgeführt.

Anwendungsprobleme und -voraussetzungen: Es ist zu beachten, dass die Kinder mit Sprachentwicklungsauffälligkeiten beim Benennen oder Erklären der wichtigsten Begriffe besonders berücksichtigt werden.

Übung 71: Begriffe raten

Material: Aktionskarten, Schaumstoffwürfel oder kleiner Spielwürfel

Übungsablauf: An der Tafel werden bis zu sechs Aktionsformen beschrieben. Der Schüler kann nun mit einem Würfel eine Aktionsform würfeln, z. B. Aktion 1: Vormachen, Aktion 2: Aufmalen, Aktion 3: Erklären (ohne das Zielwort zu nennen), Aktion 4: mit den Lautzeichen zeigen, Aktion 5: rückwärts sprechen, Aktion 6: das Zielwort ohne Vokale sprechen. Einem Kind der Klasse werden ein Begriff und das dazugehörige Bild präsentiert. Entsprechend des gewürfelten Feldes muss es den Begriff nun wiedergeben. Die anderen Schüler der Klasse raten den Begriff. Findet ein Kind das gesuchte Wort, ist es an der Reihe.

Auch hier sollten die Begriffe aus dem thematischen Zusammenhang des Unterrichts entnommen werden, um die aktuell anzuwendenden Wörter im mentalen Lexikon zu aktivieren und dadurch zu festigen und den Abruf zu erleichtern.

Bei Kindern mit Wortlernschwierigkeiten ist unbedingt darauf zu achten, dass sie das Wort kennen und es nicht zu schwierig darzustellen ist.

Übung 72: Wo passe ich hin?

Material: Wortkarten für die Tafel, Magnete

Übungsablauf: Die Lehrkraft gibt eine Reihe von Wörtern vor, welche die Kinder den Wortfeldern an der Tafel zuordnen.

BEISPIEL

gehen: laufen, marschieren, rennen, sausen, schleichen, schlendern, schlurfen, schreiten, spazieren, sprinten, stapfen, wandern
sehen: schauen, blicken, erkennen, beobachten, mustern, betrachten, besichtigen, starren, gaffen, blinzeln, gucken
essen: speisen, schmausen, einnehmen, sich ernähren, frühstücken, soupieren, dinieren, kosten, verzehren, Nahrung aufnehmen, sich stärken, fressen, futtern, naschen

Variation: Es ist auch möglich, diese Übung als Arbeitsblatt vorzubereiten. Dann erhalten die Kinder eine leere Tabelle. Die Wörter, die zugeordnet werden sollen, können sie ausschneiden und in die Tabelle kleben oder von einer Vorlage abschreiben.

Für Kinder mit Wortlernproblemen bietet sich hier eine Differenzierung nach Anzahl und Bekanntheitsgrad an. Sie sollten nur wenige und die in der Umgangssprache häufig verwendeten Wörter zuordnen. Beispielsweise sind die Begriffe „soupieren" und „dinieren" für das Wortfeld „essen" umgangssprachlich wohl weniger bedeutsam, die Wörter „verzehren" oder „sich ernähren" aber schon. Den sehr wortgewandten Schülern der Klasse kann man durchaus schwierigere, sehr seltene bzw. nur in einem bestimmten Kontext verwendete Wörter anbieten.

Übung 73: Die Wortschatz-Raupe

Material: *Spielvorlage Raupe Rauli: Wortschatz oder Blanko,* Spielfiguren, Würfel

Übungsablauf: Es wird die Spielvorlage „Raupe Rauli: Wortschatz" aus dem Spieleset verwendet. Alternativ können in die Spielvorlage „Raupe Rauli: Blanko", die auch im Spiele-Set erhältlich ist, je zwei unterschiedliche Wörter aus zwei Wortfeldern geschrieben (langsam – lahm; schnell – hurtig; großartig – super) werden. Die Wörter werden ungeordnet, aber in nicht zu großem Abstand, in die Raupe geklebt. Das erste Kind würfelt und kommt mit seiner Spielfigur auf ein Wort aus dem Wortfeld „langsam". Nun muss es ein Wort aus dem gleichen Wortfeld suchen, auf das es seine Spielfigur stellt, z. B. „lahm". Entsprechend des passenden Begriffes muss das Kind nun entweder vor- oder zurücksetzen. Gespielt wird nach dem gängigen Ablauf für Würfelspiele.

Übung 74: Welches Wort passt nicht dazu?

Material: Bildkarten oder Wortkarten, Tafel, Magnete

Übungsablauf: Die Lehrkraft heftet eine Bilderreihe an die Tafel (für junge Schulkinder) oder liest eine Reihe von Wörtern vor (für ältere Schüler), von denen eines nicht in die Reihe passt. Welches?

Variation: Stufe 2: Zur Anhebung des Schwierigkeitsgrades können die Kinder sagen, in welche andere Reihe (welches andere Wortfeld) das Wort gehört.

– – BEISPIEL – –

Wortfeld sehen: anschauen, **rennen**, bemerken, beobachten, gucken, erkennen
Wortfeld großartig: gigantisch, namhaft, immens, **kümmerlich**, wichtig, supertoll
Wortfeld gehen: trippeln, **betrachten**, spazieren, springen, laufen, spazieren
Wortfeld wenig: klein, karg, **stolz**, schwächlich, mäßig

Übung 75: Finde das Gegenteil

Material: ist nicht notwendig

Übungsablauf: Die Lehrkraft gibt ein Adjektiv vor und die Kinder versuchen, schnell das dazu passende Gegenteilwort zu finden.

alt – neu; schnell – langsam; süß – sauer; heiß – kalt; voll – leer; dick – dünn; klein – groß; fleißig – faul; arm – reich; rund – eckig; krank – gesund; hell – dunkel; sauber – schmutzig; gut – böse; schwer – leicht; leise – laut; niedrig – hoch; hart – weich

Variation: Stufe 2: Die Lehrkraft gibt einen sinnvollen Satz vor und die Kinder bilden einen Gegenteilsatz. Diesen sollen sie sich merken oder – bei einem ausreichenden Stand des Schriftspracherwerbs – aufschreiben. „Am Tag ist es hell." – „In der Nacht ist es dunkel."

Auch hier ist wiederum darauf zu achten, dass die Kinder mit Sprachentwicklungsauffälligkeiten das richtige Gegenteilwort verwenden und nicht „In der Nacht ist es nicht hell." sagen.

Übung 76: Sind die Sätze gleich?

Material: Tafel, Kreide oder vorgedruckte Karten mit den Sätzen

Übungsablauf: Den Kindern werden Sätze vorgegeben, die sich nur in einem Wort unterscheiden. Diese Wörter stammen aus einem Wortfeld. Bedeuten die Sätze noch dasselbe?

BEISPIEL

Toni und Alex rennen **schnell**.
Toni und Alex rennen **zügig**.
Toni und Alex rennen **fluchtartig**.

Anna und Malaika **gehen**.
Anna und Malaika **stapfen**.
Anna und Malaika **schlurfen**.

4.2.4 Übungen zur Strukturierung des Wortschatzes: Neben-, Unter- und Oberbegriffe

LERNZIELE

- Vernetzung der erlernten Wörter untereinander
- Bewusstmachen der Beziehungen zwischen den Wörtern

Übung 77: Wohin gehört …?

Material: Wort- oder Bildkarten

Übungsablauf: Die Lehrkraft verteilt an jedes Kind einen oder mehrere Zettel, auf denen sich jeweils ein Begriff oder ein Bild befinden, z. B. Koch, Viereck, Kamel, Hund, Krankenschwester, Kreis. An der Tafel befinden sich verschiedene Oberbegriffe, als Bild oder als Wort dargestellt. Die Begriffe sollten aus den Unterrichtsthemen der Fächer entnommen werden. Die Kinder versuchen nun, ihre Zettel den jeweiligen Kategorien zuzuordnen, z. B. Koch und Krankenschwester gehören zum Oberbegriff Berufe (Sachkundeunterricht), Viereck und Kreis gehören zu den geometrischen Formen (Geometrie) und Kamel und Hund gehören zu den Tieren (Sachkunde- oder Projektunterricht).

Diese Übung ließe sich z. B. sehr sinnvoll zu Beginn einer Woche oder eines Tages einsetzen, um den Kindern zu verdeutlichen, welche Inhalte in dieser Woche (oder heute) im Unterricht eine Rolle spielen.

Die Software „zabulo" (Steidl et al. 2016) stellt sowohl eine große Anzahl von Bildern als auch semantisch fundierte Suchfunktionen bereit, z. B. Berufe, Kleidungsstücke, Nahrungsmittel, Tiere.

Übung 78: Marktverkäufer

Material: Gefäß oder Säckchen, Wort- oder Bildkarten

Übungsablauf: Die Lehrkraft lässt aus einem Gefäß oder Säckchen ein Kind ein Kärtchen ziehen, auf dem in Wort- oder Bildform steht, was es als Marktverkäufer verkauft. Die Darstellungen auf dem Kärtchen enthalten Bilder, die zu einem bestimmten Oberbegriff gehören, wie Tisch, Stuhl, Bett (diese Begriffe gehören zum Oberbegriff Möbel), Apfel, Apfelsine, Banane (Obst), Shirt, Hose, Jacke (Kleidung) oder andere Beispiele für Nahrungsmittel oder Tiere aus der Zoohandlung. Das Kind nennt nun diese Unterbegriffe und findet ggf. weitere zur Beschreibung. Die anderen Kinder erraten, was für ein Verkäufer es ist bzw. um welchen Oberbegriff es sich handelt. „Ich verkaufe Äpfel, Birnen, Pflaumen und Stachelbeeren." (ein Obstverkäufer).

Variation: Stufe 2: Mit etwas mehr Aufwand kann folgendes Bewegungsspiel umgesetzt werden. Es werden drei bis fünf „Marktverkäufer" (Kinder, die die Oberkategorie erhalten) bestimmt. Die anderen Kinder erhalten Wort- oder Bildkarten mit entsprechenden Unterbegriffen. Leider sind die Markstände umgekippt und die Marktverkäufer müssen ihre Waren wieder neu sortieren (zu einer bestimmten Stelle im Raum bringen). Die Waren (Kinder mit den Unterbegriffen) machen es den Verkäufern nicht so leicht und bewegen sich langsam durch den Raum oder verstecken sich unter dem Tisch. Gibt es vielleicht eine „Ware", die zu mehr als einem Verkaufsstand passt, also mehreren Oberbegriffen zugeordnet werden kann?

Das Spiel kann auch umgekehrt werden. Nun müssen die „Waren" (Unterbegriffe) sich selbstständig ihren Verkaufsstand (Oberbegriff) suchen.

Übung 79: Da haben wir den „Salat"!

Material: ist nicht notwendig

Übungsablauf: Die Lehrkraft gibt einen Oberbegriff als Namen eines Salates vor, z. B. „Bundesländer-Salat" aus dem Bereich Sachkunde. Die Kinder können nun mit vielen Unterbegriffen bestimmen, was in den Salat hinein gehören soll: Hessen, Bayern, Hamburg, Saarland.

Wie die unten aufgeführten Beispiele verdeutlichen, kann das Spiel mit vielen verschiedenen Oberbegriffen in unterschiedlichen Fächern gespielt werden, auch in höheren Klassenstufen.

Schmuck-Salat: Kette, Ring, Anhänger, Brosche, Diadem, Ohrring
Wetter-Salat: Regen, Hagel, Sturm, Schnee
Instrumenten-Salat: Flöte, Posaune, Gitarre, Trommel
Blechblasinstrumenten-Salat: Trompete, Waldhorn, Tuba, Posaune
Weihnachtsschmuck-Salat: Lametta, Lichterkette, Glaskugel, Sterne

Bei Klassen mit sehr vielen oder sehr unruhigen Kindern können die Salat-Zutaten aufgeschrieben oder gemalt werden.

Übung 80: Visuelle Darstellung von Bedeutungsvernetzungen

Material: Tafelbilder, farbige Kreide

Übungsablauf: Bei der Darstellung von Beziehungen zwischen Wörtern, also Ober- und Unterbegriffen, aber auch Synonymen oder Gegenteilwörtern, lohnt es sich, visualisierende Tafelbilder einzusetzen. Gerade Kinder mit Sprachentwicklungsauffälligkeiten haben ein gutes Gedächtnis für visuelle

Informationen. So können Ober- und Unterbegriffe durch Netzdarstellungen veranschaulicht werden (Abb. 14). Synonyme können in ähnlicher Weise durch Gleichheitszeichen, Antonyme (Gegenteilwörter) können durch entgegengesetzte Pfeile gekennzeichnet werden.

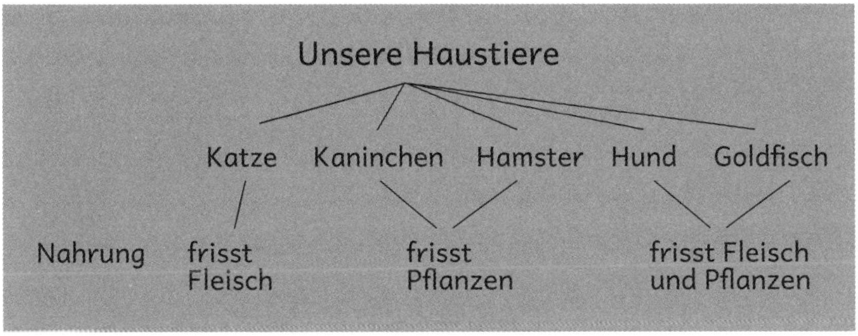

Abb. 14: Beispiel eines Tafelbildes zur Verdeutlichung von Zusammenhängen

Übung 81: Die Wörter-Raupe

Übungsablauf: Ähnlich wie bei den anderen Raupenspielen wird die Spielvorlage „Raupe Rauli: Blanko" aus dem Spiele-Set verwendet. Zwei Felder auf der Raupe gehören jeweils zusammen. Auf dem einen Feld wird der Oberbegriff dargestellt und auf dem anderen Feld befinden sich mehrere Unterbegriffe dazu, z. B. Möbel: Tisch, Bett, Stuhl; Bäume: Fichte, Erle, Kastanie; Kräuter: Petersilie, Schnittlauch, Dill; Instrumente: Gitarre, Geige, Klavier; Geld: Dollar, Krone, Euro, Cent; Körper: Pyramide, Kugel, Quader, Zylinder; Automarken: Audi, Opel, BMW.

Material: *Spielvorlage Raupe Rauli: Blanko,* Setzfiguren, Spielwürfel

Das erste Kind würfelt und kommt mit seiner Spielfigur auf ein Wort mit dem Oberbegriff „Geld". Nun muss das Feld gefunden werden, auf dem sich Euro, Cent, Dollar, Rubel befinden. Dabei darf es entweder vor- oder muss vielleicht auch zurücksetzen.

Übung 82: Dalli, dalli!

Übungsablauf: Es werden zwei Mannschaften mit jeweils drei Schülern gebildet. Die erste Mannschaft verlässt den Raum und erfüllt eine Lernaufgabe. Die andere Mannschaft erhält die Aufgabe, in einer Minute so viele Begriffe wie möglich zu einem Thema oder einem Wort zu nennen. Die Nennungen werden an der Tafel mitgeschrieben. Für jeden korrekten Begriff gibt es einen Punkt. Mehrfach- und Falschnennungen werden abgezogen.

Material: ist nicht notwendig

Was fällt euch zum **Begriff „Aprikose"** ein? (süß, gelb, Obst, Kern, wächst am Baum, klein, schmeckt gut, oder auch schmeckt nicht usw.)

Danach ist die andere Gruppe an der Reihe. Die Gruppe mit den meisten Punkten hat gewonnen.

Übung 83: Was ist das Gegenteil von ...?

Material: Adjektive, Time Timer-Uhr oder Stoppuhr

Übungsablauf: Gespielt wird ähnlich wie in Übung 82 beschrieben. Nun sollen die Kinder Wörter finden, die inhaltlich das Gegenteil darstellen. Dies kann nur bei Adjektiven erfolgen (voll – leer, groß – klein, hell – dunkel, leicht – schwer). Es ist eine Minute Zeit, Gegenteilwörter zu finden. Der Lehrer nennt ein Adjektiv und die Spielergruppe hat den Auftrag, das Gegenteil zu finden. Die Nennungen werden aufgeschrieben und später zusammengezählt. Falschnennungen werden abgezogen. Es darf „weiter" gesagt werden, wenn das Gegenteil zu einem Wort nicht bekannt ist. Danach ist die andere Gruppe an der Reihe.

Hinweis: Sprachentwicklungsauffälligen Kindern fällt es oft sehr schwer, die Gegenteilwörter zu finden. Sie verwenden dann häufig das Zielwort in Verbindung mit „nicht" (hell – „nicht hell"). Hier sollte durch korrektives Feedback das Gegenteilwort vorgegeben werden.

Übung 84: Finde den Oberbegriff!

Material: Vorbereitung der Begriffe

Übungsablauf: Gespielt wird wie oben beschrieben. Den Kindern werden mehrere Begriffe aus einem semantischen Feld vorgegeben. Sie sollen den Oberbegriff dazu finden.

BEISPIEL

Trompete, Violine, Klavier, Flöte – Instrumente
Teller, Tasse, Glas, Schüssel – Geschirr
Messer, Gabel, Löffel – Besteck
Buche, Kastanie, Linde, Ahorn – Laubbäume
Eins, zwei, drei, vier – Zahlen
Merkur, Venus, Mars, Saturn – Planeten

Übung 85: Finde Unterbegriffe!

Übungsablauf: In ähnlicher Weise wird den Kindern nun ein Oberbegriff vorgegeben und sie sollen in einer vorgegebenen Zeit (eine Minute) möglichst viele Unterbegriffe finden. Was ist alles Gemüse? (Tomate, Gurke, Salat usw.).

Material: Tafel, Kreide, Timer oder Stoppuhr

Übung 86: Und was bist du?

Übungsablauf: Die Kinder sitzen in einem großen Halbkreis. Die Lehrkraft steht vorne und gibt einen Oberbegriff vor, z. B. „Verkehrsschilder" (Sachkundeunterricht). Die Kinder überlegen sich passende Unterbegriffe, z. B. „Stoppschild", „Halteverbot", „Einbahnstraße". Wenn ein Kind an der Reihe ist, sagt es diesen Unterbegriff laut: „Ich bin das Stoppschild." oder „Ich bin das Halteverbot." oder „Ich bin die Einbahnstraße." und steht ebenfalls auf. Das Spiel wird so lange gespielt bis alle Kinder stehen. Es kann mit vielen unterschiedlichen Oberbegriffen zu unterschiedlichsten curricularen Themenbereichen gespielt werden.

Material: ist nicht notwendig

Die Rolle der den Oberbegriff vorgebenden Lehrkraft kann von einem Schüler übernommen werden.

Anwendungsprobleme und -voraussetzungen: Viele dieser Übungen lassen sich aufgrund des geringen Zeitaufwandes sehr gut in den Unterricht integrieren und an die Themen der Klasse anpassen. Das Wetteifern um die meisten Punkte bereitet den Schülern viel Freude.

Bei Kindern mit Wortlernproblemen muss immer auf die verlängerte Abrufspanne geachtet werden. Es sollte sichergestellt sein, dass nicht die schnelleren Kinder die Zuordnungen der Wörter zu den Neben-, Ober- bzw. Unterbegriffen vorwegnehmen und dadurch das Wortlernen der sprachentwicklungsauffälligen Kinder behindern; die Gruppen in ihrer Spieler- und Gegenspielerauswahl sollten möglichst homogen gebildet werden.

4.2.5 Übungen zur Verbesserung des Wortabrufes

LERNZIELE

- Beschleunigung der Wortfindung
- Erkennen, welche Wörter häufig zusammen (in einem Satz oder in einem Kontext) vorkommen

Übung 87: Was fällt dir dazu ein?

Material: ist nicht notwendig

Übungsablauf: Die Lehrkraft gibt ein Wort vor. Der Reihe nach sagen die Kinder, welches Wort sie damit assoziieren. Das Spiel kann endlos fortgesetzt werden, z. B.

Buche – Baum – Wald – Holz – Tischler – Brett – Späne – Staub – Besen – Hausputz

Variation: Stufe 1: Die Lehrkraft gibt ein Wort vor und jeder Schüler schreibt eine bestimmte Anzahl von Wörtern auf, die er mit dem Zielwort verbindet. Hier kann in der Menge differenziert werden. Kinder mit Sprachentwicklungsauffälligkeiten bzw. einem geringen Wortschatz brauchen nur drei Begriffe aufzuschreiben, die anderen Kinder mehr.

Die Schüler erhalten ein Arbeitsblatt mit einem Bild, z. B. „Weihnachtsbaum". Sie schreiben rund um das Bild auf, was ihnen zum Thema „Weihnachtsbaum" einfällt. So entsteht ein einfaches Mindmap.

Die Lehrkraft schreibt ein Wort an die Tafel. Die Kinder kommen nun nacheinander nach vorn und schreiben um das Wort herum auf, was ihnen zu dem Begriff passend erscheint. Beispielsweise können zum Thema „streiten", andere Verben geschrieben werden (kränken, schlagen, beleidigen), oder auch Situationen (Schulhof, Umkleidekabine in der Sporthalle), oder auch Gefühle (Angst, Wut, Traurigkeit). So verbinden die Kinder ein bestimmtes Wort sowohl emotional als auch situational und funktional mit eigenen Erfahrungen. Abb. 15 zeigt ein Mindmap zum Thema „Freizeit".

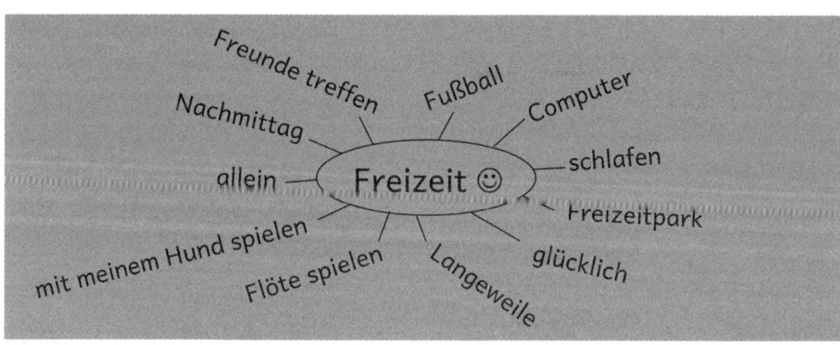

Abb. 15: Beispiel für ein Mindmap zum Thema Freizeit

Übung 88: Viele Wörter finden

Übungsablauf: Die Klasse wird in zwei oder mehr Gruppen unterteilt. Jede Gruppe soll zu einem von der Lehrkraft vorgegebenen Begriff in einer bestimmten Zeit viele weitere Wörter finden, z. B. „Temperatur". Die Gruppen nennen möglichst schnell Assoziationen: Gefrierpunkt, Thermometer, kalt, heiß, richtig anziehen, siedend. Entsprechend ihrer Nennungen erhält die Gruppe Punkte. Die Gruppe mit den meisten Punkten gewinnt.

Material: Tafel, Kreide, Timer oder Stoppuhr

Variation: Die Gruppen sollen nun zum Zielwort Wörter assoziieren, die einer anderen Wortart angehören oder mit ihnen zusammengesetzt werden können. So könnten sie beispielsweise zum Zielwort „Sonne", die Wörter sonnen, du sonnst dich, er sonnt sich, sonnig, Sonnenschein, Sonnenbrand finden. Auch dies ließe sich wiederum durch ein Mindmap visualisieren.

Anwendungsprobleme und -voraussetzungen: Wie bereits zu den Anwendungsproblemen und -voraussetzungen der anderen Übungen beschrieben, sollten die längeren Abrufzeiten der Kinder mit Sprachentwicklungsauffälligkeiten beachtet werden.

4.2.6 Übungen zum Wortschatzerwerb: Wie lerne ich neue Wörter selbstständig?

LERNZIELE

- Strategien vermitteln, wie die Schüler ihren Wortschatz selbstständig erweitern

Nach Reber/Schönauer-Schneider (2022) sollte bei Kindern mit Problemen im Wortschatzerwerb auch Wissen vermittelt werden, wie der Wortschatzerwerb eigenständig erweitert werden kann. Dazu gehört es, den Schülern Handlungskompetenzen (Strategien) auf drei Ebenen zu vermitteln.

Auf der **ersten Ebene** sollen sie Strategien darüber erlernen, welche Wörter ihnen unbekannt sind und wie sie sich mit gängigen Methoden die Wortbedeutung erschließen können.

Die **zweite Ebene** vermittelt Strategien, wie das Wissen über die neuen Wörter in das Langzeitgedächtnis übertragen werden kann (Mnemostrategien).

Bei Schülern mit erheblichen Wortschatzeinschränkungen kann es zu Problemen in der Kommunikation mit anderen Personen kommen. Diese Kinder und Jugendlichen benötigen auf der **dritten Ebene** Kompensationsstrategien, die dem Ziel dienen, Kommunikationssituationen aufrecht zu erhalten, auch wenn Wörter nicht ausreichend zur Verfügung stehen.

Ebene 1: Erwerbsstrategien

Übung 89: Fragehaltung aufbauen

Material: Handpuppe oder Identifikationsfigur

Übungsablauf: Es wird eine Handpuppe oder in höheren Klassenstufen eine andere Identifikationsfigur (z. B. ein großes, rotes, lachendes Fragezeichen namens Wöfi für „Wörterfinder") als Nachfragefigur eingeführt. Diese fragt nun bei jeder sich bietenden Gelegenheit nach bestimmten Wortbedeutungen. Die Kinder antworten und erklären der Figur die Begrifflichkeiten.

Dabei verfolgt die Lehrkraft zwei Ziele. Zum einen vermittelt sie durch die Figur eine Fragehaltung unbekannten Wörtern gegenüber und eine Nachfragetechnik. „Ach, Tijani lebt in **Afrika**? Das Wort **Afrika** kenne ich nicht! Was ist **Afrika**?"). Über das Modelllernen trainieren die Schüler so, sich selbst zu fragen, ob sie ein bestimmtes Wort kennen und auch, wie sie ggf. nach dessen Bedeutung fragen.

Zum anderen vermittelt die Figur gezielt die Wortbedeutungen der von der Lehrkraft bestimmten Zielwörter (Afrika ist ein Kontinent. Auf ihm leben über eine Milliarde Menschen.)

Die Nachfragefigur kann ritualisiert zu Beginn der Woche im Morgenkreis oder auch zum Ende der Woche im Abschlusskreis auftauchen.

Übung 90: Nachfragen anregen

Material: Lesetext, Stifte, Lineal

Übungsablauf: Die Lehrkraft liest mit den Schülern einen Text zur aktuellen Unterrichtsthematik. Im Text befinden sich auch „schwierige" Wörter, d. h. Wörter, von denen ausgegangen wird, dass sie den Kindern vom Inhalt her unbekannt sind, z. B. Fremd- oder Fachwörter wie Vers, Thermometer, dividieren etc. Gemeinsam unterstreichen sie diese Wörter und klären deren Bedeutung. Dabei werden die Kinder zum gezielten Nachfragen angeregt und positiv verstärkt, z. B. Kind: „Was bedeutet das Wort spontan?" Lehrkraft: „Gut dass du das fragst! Spontan bedeutet, dass man etwas tut, was man nicht lange plant, sondern was einem ganz plötzlich einfällt". Alternativ kann selbstverständlich auch ein Kind diese Frage beantworten, wenn es das Wort bereits kennt.

Variationen: Stufe 1: Kinder mit Sprachentwicklungsauffälligkeiten erhalten Texte mit einer geringeren Anzahl „schwieriger" Wörter. Es wird ihnen schwer genug fallen, diese wenigen, aber wichtigsten Wörter zu erlernen.

In den Texten der Kinder mit Wortschatzschwierigkeiten sind einige der „schwierigen" Wörter bereits markiert. Die Kinder können in einer Legende oder auf einem Worterklärungsblatt die Bedeutung der Wörter selbstständig nachlesen.

Stufe 2: Zur Erhöhung des Schwierigkeitsgrades sollten die Kinder das neue Wort aufschreiben oder aufmalen. Mit welchen anderen Wörtern verbinde ich das neue Wort?

Stufe 3: Älteren Kindern sollte der Umgang mit Lexika oder auch Internetseiten zum Nachlesen der Wortbedeutung nahe gebracht werden.

Ebene 2: Memostrategien

Übung 91: Häufiges Wiederholen

Übungsablauf: Die Lehrkraft macht den Kindern vor, wie man sich ein Wort durch häufiges Wiederholen einprägt. Dazu können auch Übungen mit der Handpuppe dienen. Die Lehrkraft bzw. die Handpuppe wiederholt das neue Wort immer wieder auf unterschiedliche Art und Weise, z. B. durch

Material:
evtl. Handpuppe

- lautes oder leises Sprechen
- Sprechen wie ein Roboter (silbisch-abgehackt) oder wie eine Schnecke (sehr langsam)
- die Anwendung in Sätzen
- das Zeigen auf den entsprechenden Gegenstand
- das Schreiben des Wortes auf einen Zettel oder an die Tafel
- das Überlegen einer visuellen Merkhilfe wie einem Mindmap

Variationen: Sehr gut wirksam sind Gedächtnisstrategien, wenn sie mehrere Informationsverarbeitungsbereiche ansprechen. So kann neben dem sprachlichen auch der visuelle, der taktile oder der gustatorische Sinneskanal mit einbezogen werden.

Ebenfalls gut geeignet sind Merkstrategien, die den emotionalen Bereich ansprechen, z. B. das neue Wort mit etwas Lustigem verbinden (z. B. wenn das neue Wort in einem Witz vorkommt).

Was ist ein Speer? – eine spitze, lange Stange zum Werfen
Wer versteht den folgenden Witz? Die letzten Worte eines Sportlehrers: „Alle Speere zu mir!"

Eine gängige Methode des selbstständigen Wissens- und damit auch Worterwerbs können Eselsbrücken oder Merkverse und Merkreime sein, z. B.

Mit, nach, von, seit, aus, zu, bei
brauchen den Fall Nummer drei.

Eine Anzahl von für den Wortschatzerwerb geeigneten Merkversen findet man auf der Internetseite http://alle-eselsbruecken.de/.

Ebene 3: Kompensationsstrategien

Übung 92: Weitermachen!

Material: ist nicht notwendig

Übungsablauf: Kinder mit erheblichen Wortlernschwierigkeiten oder Wortabrufproblemen sollten lernen, bei Schwierigkeiten nicht die Kommunikation mit anderen Personen zu beenden oder zu vermeiden. Die nachfolgenden Vorschläge (aus Reber/Schönauer-Schneider 2022) sind abhängig vom Leidensdruck und von der Persönlichkeitsstruktur des Kindes anzuwenden.

- Kennt das Kind ein bestimmtes Wort, kann es jedoch nicht abrufen, kann man es auffordern, sich das gesuchte Wort mental als Bild vorzustellen. Dies unterstützt den Abruf des Wortes.
- Des Weiteren eignen sich Synonyme oder Umschreibungen: „Das Ding, womit man warm und kalt messen kann". Der Kommunikationspartner erkennt dann, dass ein Thermometer gemeint sein könnte.
- Auch aus unspezifischen Wörtern oder Wortneuschöpfungen lassen sich Informationen entnehmen: „Ich meine den Warm-und-kalt-Messer".
- Die Verwendung von Gesten (Zeigegesten) oder das Vormachen einer Handlung, die gemeint ist, können zur Aufrechterhaltung der Kommunikationssituation beitragen, z. B. pantomimisches Zeigen des Fiebermessens unter dem Arm führt beim Kommunikationspartner zum Erkennen des gemeinten Wortes.
- Bei besonders wortschatzarmen Kindern oder bei Kindern, die erst be-

ginnen, die deutsche Sprache zu erlernen, können auch Visualisierungen angebracht sein. Hierbei kann das Kind aus einer Reihe von Abbildungen die entsprechend passende heraussuchen oder sie selber malen.

Übung 93: Unbekannte Wörter erklären

Material: Wortkarten

Übungsablauf: Die Lehrkraft wählt am Ende der Woche ein Kind aus, welches einen Zettel mit einem Begriff mit nach Hause bekommt. Dieses Wort kann es in der Familie besprechen. Am Anfang der neuen Woche versucht das Kind dann, seinen Mitschülern dieses Wort zu erklären.

4.2.7 Unterrichtsbeispiel: Wortschatzsammler-Konzeption

LERNZIELE

– Strategien zum eigenständigen Wortschatzerwerb vermitteln

Die Konzeption „Wortschatzsammler" ist ein hinsichtlich seiner Wirksamkeit überprüftes Verfahren zur Förderung des eigenaktiven Wortschatzlernens (Motsch et al. 2022; Motsch / Brüll 2009; Ulrich / Schneggenburger 2012).

Den Kindern werden fünf Strategien vermittelt: Strategie 1) zur aktiven Suche nach unbekannten Wörtern, 2) zum Stellen von Fragen nach unbekannten Wörtern, 3) zur verbesserten Speicherung, 4) zum verbesserten Abruf und 5) zum Kategorisieren der neuen Wörter. Tabelle 5 enthält eine Übersicht, welche Teilziele in jeder Strategie erreicht und welche Fragestellungen den Kindern dazu vermittelt werden sollen.

Tab. 5: Strategien nach dem Wortschatzsammler-Konzept (angelehnt an Ulrich / Schneggenburger 2012)

Strategie	Ziel	Fragestellungen / Handlung
aktive Suche nach unbekannten Wörtern	Aufbau einer Neugierhaltung	Von welchen Dingen kenne ich die Namen nicht?
Stellen von Fragen	Fragen nach der Wortgestalt des Wortes stellen, Fragen nach der Wortbedeutung stellen	Wie heißt das? Wie nennt man das? Was kann man damit tun? Wofür braucht man das?

Fortsetzung von Tabelle 5

Strategie	Ziel	Fragestellungen/Handlung
verbesserte Speicherung	eigenständig Segmentieren und Memorieren anwenden	häufiges Sprechen des Wortes mit verstellter Stimme, unterschiedlicher Lautstärke, Geschwindigkeit, Anwendung in Sätzen
verbesserter Abruf	selbstständig Erinnerungshilfen einsetzen, um möglichst viele Informationen zu einem Wort abzurufen	Das schmeckte süß und gab es beim Bäcker. Es fing an mit /sch/.
Kategorisieren neuer Wörter	eigenständiges Bewusstmachen, wie neue Wörter mit bereits bekannten Wörtern in Beziehung stehen	Das meint fast das Gleiche wie … Das klingt so ähnlich wie das Wort …

In jeder Unterrichtseinheit sollten die fünf Strategien in ihrem zeitlichen Ablauf berücksichtigt werden.

Ein sehr anschauliches Beispiel aus dem Therapiebereich wird erörtert in:
Ulrich, T., Schneggenburger, K. (2012): Lexikalische Strategietherapie für Vorschulkinder mit dem „Wortschatzsammler". Sprachförderung und Sprachtherapie 2, 63–71

Im Folgenden werden die Strategien anhand der Unterrichtsthematik „Weihnachten" exemplarisch dargestellt.

Übung 94: Strategie zur aktiven Suche nach unbekannten Wörtern

Material: Wortkarten, Abbildungen, Gegenstände

Übungsablauf: Mit den Kindern wird auf eine aktive Suche nach unbekannten Weihnachtswörtern gegangen. Dazu kann

- ein Mindmap mit unterschiedlichen Weihnachtswörtern vorbereitet werden
- ein Text zum Thema Weihnachten dienen, der unterschiedlich schwierige Wörter enthält
- eine Wörterkiste mit Weihnachtswörtern bestückt werden, aus denen die Kinder ein Wort ziehen müssen
- eine Schatzkiste verwendet werden, die Realgegenstände zum Thema Weihnachten enthält, die die Kinder herausholen (erfühlen) können
- in einer Gesprächsrunde mit dem „Weihnachtsmann" eine Anzahl von Weihnachtswörtern gesammelt (aufgeschrieben) werden.

Die Kinder sortieren anschließend die unbekannten Wörter aus. „Von welchen Wörtern kenne ich nicht den Namen?"

Es könnten folgende schwierige Wörter dazugehören:

Advent, Adventskranz, Nikolaus, Lametta, Strohstern, Lebkuchen, Weihnachtskrippe, Bethlehem, Hirte, Zimt, Zimtstern, Anisplätzchen, Spekulatius

Übung 95: Strategie zum Stellen von Fragen

Übungsablauf: Nun wird geübt, wie man nach dem Namen und nach der Bedeutung des unbekannten Wortes fragt. Kindgerecht ist es, wenn eine Identifikationsfigur (Kap. 4.2.6 Übungen zum Wortschatzerwerb) dabei ist, die die entsprechenden Fragestellungen vorgibt.

Material: ist nicht notwendig

„Wie nennt man das?" (Frage nach der Wortgestalt) „Das ist Lametta." „Was macht man damit?" (Frage nach der Bedeutung) „Das hängt man an den Weihnachtsbaum." „Warum?" usw.

Die fragenden Kinder werden für ihre Fragen ausdrücklich gelobt.

Übung 96: Strategie zur verbesserten Speicherung

Übungsablauf: Die Kinder benennen nun die schwierigen Wörter in unterschiedlichen Übungen. Es eignen sich Memoryspiele, Weihnachtslieder und -gedichte, das Benennen der Wörter mit verstellter Stimme (langsam und tief wie der Weihnachtsmann), das Sprechen in unterschiedlicher Geschwindigkeit (schnell wie die Rentiere) und vieles andere mehr. Weitere Übungsideen finden sich in den Kapiteln 4.2.1 Lernen mit mehreren Sinnen und 4.2.2 Vermittlung von Wortbedeutungen und Wortgestalten.

Material: ist nicht notwendig

Die Lehrkraft achtet darauf, dass die Kinder weitgehend selbstständig die Wörter verinnerlichen. „Wie viele Wörter hast du dir am Ende der Stunde / des Unterrichtstages richtig gemerkt?"

Übung 97: Strategie zum verbesserten Abruf

Material: Realgegenstände oder Abbildungen

Übungsablauf: Kinder, die Probleme haben, die neuen Wörter abzurufen, werden angehalten, sich diese vorzustellen oder auch real in die Hand zu nehmen. Sie sollen sagen, was sie noch über das Wort (Lametta) wissen (ganz dünn und leicht, glitzert, für den Weihnachtbaum). Wenn es sehr wenig ist, was das Kind inhaltlich über das Wort weiß, dann ergänzt die Lehrkraft.

Sollten die Kinder nicht von allein auf das Wort kommen, kann die Lehrkraft den Anfangslaut vorgeben. „Ich glaube, dass du ein Wort meinst, das mit /l/ beginnt." Wenn das Kind das Wort trotzdem nicht abrufen kann, dann wird die erste Silbe vorgegeben. Erst danach wird das ganze Wort vorgesprochen.

Die Kinder werden für ihre Bemühungen des selbstständigen Wortabrufes ausdrücklich gelobt.

Übung 98: Strategie zum Kategorisieren neuer Wörter

Material: siehe oben

Übungsablauf: Übungen, um die Wörter fester in den bereits vorhandenen Wortschatz einzubauen und somit schneller darauf zugreifen zu können, sind unter den Übungen zur Strukturierung des Wortschatzes beschrieben.

Anwendungsprobleme und -voraussetzungen: Die Stärke des beschriebenen Vorgehens liegt in seiner Wirksamkeit, die in wissenschaftlichen Studien nachgewiesenen wurden. Der Ablauf des Strategielernens nach dem Konzept der „Wortschatzsammler" bietet den Lehrkräften ein Grundgerüst, wie in Klassen mit einem sehr hohen Anteil an Kindern mit geringem Wortschatz (Kinder mit Sprachentwicklungsstörungen, Lernstörungen, Migrationshintergrund) am Wortschatzerwerb gearbeitet werden kann. Dabei ist es sehr wichtig, dass die Kinder erlernen, eigenständig ihren individuellen Wortschatz auszubauen. Dieses kann den Wortschatzerwerb beschleunigen und vom Unterricht unabhängig machen.

5 Praxishilfen zur Grammatikförderung

5.1 Basisinformationen zur Grammatikförderung

„Will du mitspielen?“ (fehlende Subjekt-Verb-Kongruenz)
„Was du gern spiele?“ (keine Verbzweitstellung im Hauptsatz)
„Wir dürfen auf der Hof, wenn wir sind brav.“ (keine Akkusativmarkierung und keine Verbendstellung im Nebensatz) (aus Motsch 2013, 5)

DEFINITION

Nach Motsch (2017) erwerben Kinder mit **grammatischen Störungen** (syntaktisch-morphologische Störungen) die korrekten morphologischen und syntaktischen Fähigkeiten ihrer Muttersprache nicht altersgemäß.

Bei der Mehrzahl aller betroffenen Kinder liegt die grammatische Störung als Teilsymptomatik einer übergreifenden spezifischen Sprachentwicklungsstörung vor. Grammatische Störungen können aber auch bei kognitiven Beeinträchtigungen und erheblichen Hörstörungen auftreten.

Prävalenz

Die Häufigkeit des Auftretens ist nicht eindeutig bestimmbar. Ausgegangen wird von ca. 7 % aller Kinder (Grimm 2003).

Symptomatik

Bei den betroffenen Schülern ist der Grammatikerwerb in einzelnen oder mehreren Bereichen zeitlich verzögert oder qualitativ abweichend. Das Erscheinungsbild ist daher vielfältig. In der deutschen Sprache sind eher Störungen im Bereich der Wortbildung (Morphologie) als im Bereich der Syntax auffällig. Grammatische Fehläußerungen treten in Form von Auslassungen obligatorischer Satzteile und Übergeneralisierungen einer Regel auf (Riehemann 2016).

Nach Motsch (2013) können betroffene Kinder bereits sehr früh (vor dem dritten Geburtstag) Symptome zeigen, wie z. B. die falsche Abspeicherung des Geschlechts (Genus) bei Nomen, was wiederum zu einer unkorrekten Kasusmarkierung führt. Da die Kinder keine oder eine zu ungenaue Abspeicherung von Wörtern haben, die ein bestimmtes Merkmal enthalten (z. B. die Pluralendung /en/), sind sie nicht in der Lage, Regeln zu erkennen und diese auf bisher unbekanntes Wortmaterial anzuwenden (Motsch 2013). Weitere Merkmale grammatischer Störungen sind

- die fehlende Verbendstellung
- fehlendes Bilden der Subjekt-Verb-Kongruenz
- Auslassen des Subjekts und grammatischer Funktionswörter (Präpositionen/Artikel/Konjunktion)
- Formveränderungen der flektierbaren Wortarten (Substantive, Verben, Adjektive, Pronomen, Numerale, Artikel)

Im Bereich der Syntax erfolgt keine regelhafte Bildung der Wort- und Satzfolge. Die Sätze sind gekennzeichnet durch Auslassungen und Umstellungen. Oft wirken die Sätze verkürzt und wenig flexibel. Komplexere Satzstrukturen, wie Frage- und Nebensätze, werden nicht oder unkorrekt gebildet (Dannenbauer 2002; Grimm 2003; Wendland 2006).

Ursachenfaktoren

Grammatische Störungen entstehen durch eine Blockade im grammatischen Lernen. Als wesentliche Ursachenfaktoren für grammatische Störungen gelten:

- **biologisch-genetische Faktoren:** z. B. primäre Schädigungen, neuroanatomische Besonderheiten, verlangsamte Hirnreifung
- **kognitiv-sensorische Faktoren:** z. B. Probleme in der auditiven Wahrnehmung und der temporären Reizverarbeitung, allgemeine Einschränkungen kognitiver Fähigkeiten, Probleme der verbalen Informationsverarbeitung (Arbeitsgedächtnis)
- **linguistisch-interaktionale Faktoren:** z. B. unzureichender oder fehlerhafter Sprachinput, negative Wechselwirkungen mit anderen Sprachebenen (Riehemann 2016)

Kinder mit einer umfassenden Störungssymptomatik im Bereich der Grammatik sind schwer sprachbeeinträchtigt. Für diese Schüler sollten immer eine Therapie und die Beratung durch einen Sonderpädagogen erfolgen.

5.2 Übungen zur Grammatikförderung

5.2.1 Artikelzuordnung

LERNZIELE

- Erlernen der Zuordnung der bestimmten Artikel zu den entsprechenden Nomen

Artikel müssen immer mit dem jeweiligen Wort mitgelernt werden, da sich im Deutschen keine Regel ableiten lässt, wann ein Wort weiblich, männlich oder sächlich ist, also wann der Artikel „die“, „der“ oder „das“ zugeordnet wird.

Die richtige Zuordnung von Artikeln zu Nomen fällt Kindern mit Auffälligkeiten auf der grammatischen Ebene nicht leicht. Da sie aber die Voraussetzung ist, um sowohl den unbestimmten Artikel als auch den Kasus richtig zu bilden, ist es sehr wichtig, die Artikelzuordnung umfassend zu üben.

Übung 99: Was liegt auf meinem Tisch?

Material: Identifikationsfigur

Übungsablauf: Am sinnvollsten ist es, wenn sich Übungen zum Wortschatzerwerb gleich mit der Artikelzuordnung verbinden lassen. So können zentral wichtige Wörter des Unterrichts (z. B. Heft, Buch, Ordner, Pause, Füller, Lineal) mit der Artikelbenennung verknüpft werden.

Die Lehrkraft gibt den Kindern ein Sprachmodell: „Was liegt heute auf meinem Tisch? Auf meinem Tisch liegen **das** Heft, **die** Leseleiste und **der** Füller. Was liegt auf deinem Tisch, Amir?“ Die Lehrkraft setzt die Lehrersprache absichtsvoll ein und betont den Artikel. Nun benennt das aufgeforderte Kind die Dinge, die auf seinem Tisch liegen. Dabei muss es nicht unbedingt im Satz sprechen, es genügt, wenn sich seine Aufmerksamkeit und seine Sprachleistung auf die Artikel und die Nomen konzentrieren.

Variation: Stufe 1: Statt der Lehrkraft kann auch eine Identifikationsfigur (Raupe, Papagei) die Rolle des Lehrers übernehmen und die Artikel modellieren.

Es liegen nicht nur Dinge auf dem Tisch, sondern verstecken sich auch im Schulranzen. „In meinem Schulranzen liegen **das** Pausenbrot, **der** Apfel und **die** zerknüllten Arbeitsblätter vom Osterprojekt.“

In vergleichbarer Weise erfragt die Lehrkraft weitere Wörter, denen die

Artikel zugeordnet werden sollen. „Was befindet sich an der Wand?“ Antwort der Kinder „Die Uhr, das Regal und die Zeichnung.“

Übung 100: Wer gehört zu mir?

Material: Signalkärtchen

Übungsablauf: Die Kinder erhalten drei verschiedenfarbige Kärtchen in der Größe von Kartenspielkarten. Die Karten haben z. B. die Farbzuordnung blau für den Artikel „der“, rot für „die“ und grün für „das“. Die Lehrkraft benennt ein Wort ohne Artikel (z. B. aus dem Bereich Geometrie: „Kreis“). Die Kinder heben nun so schnell sie können (oder nach dem Startsignal der Lehrkraft) die entsprechende Karte.

Zur Verstärkung des Lerneffektes sollte die Lehrkraft sprachunsichere Kinder die Zuordnung von Artikel und Wort benennen lassen: „der Kreis“ und damit über die Sprachproduktion die Speicherung von Artikel und Wort verstärken.

Variationen: Stufe 1: Die Lehrkraft heftet die neuen Lernwörter als Bild oder Wort umgedreht, für die Kinder nicht erkennbar, an die Tafel. Nun wird das erste Bild (Wort) aufgedeckt. Wer findet, ohne das Wort unmittelbar vorher gehört zu haben, den richtigen Artikel und zeigt dies mit der Karte? Auch hierbei sollen die Kinder beide Wörter produzieren, also aktiv sprechen.
Stufe 2: Die Lehrkraft hebt eine Karte und die Kinder sollen aus der Auswahl der Lernwörter die passenden Begriffe zuordnen. So kann der Farbe „grün“ „das Viereck“, „das Dreieck“ und „das Quadrat“ zugeordnet werden. Kann schon ein Kind einen sinnvollen Satz mit dem Satzanfang „Das Dreieck …“ bilden?

Übung 101: Setze richtig ein!

Material: Arbeitsblatt

Übungsablauf: Die Lehrkraft bereitet ein Arbeitsblatt mit den zu übenden Lernwörtern vor. Dabei werden die Artikel weggelassen. Die Kinder schreiben nun die Artikel vor die entsprechenden Wörter.

Hier kann abhängig vom schriftsprachlichen Leistungsstand der Kinder differenziert werden. Kinder, die noch nicht ausreichend lesen können, erhalten ein Arbeitsblatt mit Abbildungen und malen einen Punkt in der entsprechenden Farbe zur Artikelzuordnung vor das Bild. Kinder mit ausreichenden Lese- und Schreibfähigkeiten lesen die Wörter und schreiben den Artikel davor.

Variationen: Stufe 1: Diese Übung wird mit einer kleineren Gruppe von besonders unsicheren Kindern bei der Artikelzuordnung gemeinsam an der

Tafel geübt. Dabei müssen immer wieder Artikel und Wort in ihrer Verbindung gesprochen werden. Nur so prägen sich die Kinder den richtigen Artikel ein. Visualisierungen (Farben) und Handzeichen (z. B. flache Hand: das Meer – Artikel „das", Wellenbewegung der Hand: die Welle – Artikel „die", Streubewegung von Daumen und Finger: der Sand – Artikel „der) unterstützen die Merkfähigkeit der Kinder.

Ebenfalls Stufe 1: Die Lernwörter stehen an der Tafel und die Kinder erhalten ein Arbeitsblatt mit der tabellarischen Unterteilung in „der", „die" und „das". Sie schreiben nun die Wörter in die entsprechende Spalte. Hier sollte darauf geachtet werden, dass die Kinder mit Problemen im Bereich der Artikelzuordnung weniger, aber die wichtigsten Wörter einsetzen. Dies kann farblich gekennzeichnet werden: Die braun geschriebenen Wörter müssen alle Kinder in die Tabelle eintragen, die weiß geschriebenen Wörter können zusätzlich eingefügt werden.

Übung 102: Was fehlt denn da?

Übungsablauf: Die Kinder sitzen im Stuhlkreis. In der Mitte liegen Realgegenstände, Bilder oder große Wortkarten. Die Kinder benennen der Reihe nach die Gegenstände mit Artikel bzw. lesen die Wörter vor, denen sie dann selbstständig den Artikel zuordnen. Die Lehrkraft korrigiert bei falschen Zuordnungen. Nun dürfen zwei Kinder kurz den Raum verlassen. Ein anderes Kind nimmt einen Gegenstand aus der Mitte weg. Die beiden Kinder werden wieder hereingerufen und sollen nun den fehlenden Begriff finden und diesen mit Artikel benennen.

Material: Realgegenstände, Bilder oder Wortkarten

Übung 103: Memoryspiele I

Übungsablauf: Klassiker bei der spielerischen Zuordnung von Artikeln zu Nomen sind Memoryspiele. Auch hier sollte die Lehrkraft wiederum die Wortauswahl nach bestimmten Kriterien treffen, z. B. nach der Bedeutung für das Unterrichtsverständnis (Welche Wörter sollen die Kinder erlernen?) oder nach Unterrichtszielen (Förderung der Reimfähigkeit; Erlernen der Anlauterkennung). Beim Spielen wird nun das Benennen der Wörter mit Artikel zu einem weiteren Unterrichtsziel (z. B. beim Reimwortmemory ist das richtige Paar die Maus – das Haus).

Material: Memoryspiele

Anwendungsprobleme und -voraussetzungen: Bei der Auswahl der Wörter, denen die Artikel zugeordnet werden sollen, ist darauf zu achten, dass die verwendeten Wörter den Kindern hinsichtlich ihrer Bedeutung bereits vermittelt worden sind. Bei Kindern mit Sprachentwicklungsauffälligkeiten sollte eine Reduktion der Wortanzahl auf die wichtigsten Wörter stattfinden.

Übung 104: Die Artikel-Raupe

Material: *Spielvorlage Raupe Rauli: Artikel oder Blanko,* Spielfiguren, Würfel

Übungsablauf: Es wird die Spielvorlage „Raupe Rauli: Artikel" aus dem Spiele-set verwendet. Alternativ kann in die Spielvorlage „Raupe Rauli: Blanko", die auch im Spiele-Set erhältlich ist, eine Auswahl zu erlernender Nomen in Form von Bildern und den dazugehörigen Artikeln mit dem jeweiligen Anfangsbuchstaben des Nomens hintereinander in die Raupe geklebt werden. Die Kinder stellen ihre Spielfiguren auf den Start hinter dem Raupenende und würfeln. Das erste Kind würfelt z.B. eine zwei und kommt mit seiner Spielfigur auf das Bild der Tafel. Nun muss das Partnerfeld gesucht werden. Es ist „die T…". Auf dieses Feld darf das Kind nun seine Spielfigur stellen. Es spricht das Nomen mit Artikel dazu deutlich aus und setzt seine Spielfigur.

5.2.2 Singular- und Plural-Bildung

LERNZIELE

- Erlernen und Festigen der Singular- und Pluralbildung

Im Deutschen wird die Pluralbildung durch acht verschiedene Formen gekennzeichnet (Tab. 6).

Tab. 6: Pluralbildung im Deutschen

		Beispiel
Endung	-e	Meer – **Meere**
Endung und Umlaut	-e (+ ä, ü, ö)	Nuss – **Nüsse**
Endung	-en	Last – **Lasten**
Endung	-er	Kind – **Kinder**
Endung und Umlaut	-er (+ ä, ü, ö)	Rand – **Ränder**
Keine Endung	Plural entspricht Singular	Tiger – **Tiger**
Umlaut	ä, ü, ö	Apfel – **Äpfel**
Endung	-s	Kino – **Kinos**

Obwohl die Pluralbildung nicht frei von Regeln ist, macht es die Fülle an Möglichkeiten den Kindern mit Unsicherheiten in diesem Bereich sehr schwer, die richtige Form zu finden. Daher sollte auch, ähnlich wie bei der Artikelzuordnung, der Plural beim Wortschatzerwerb mitgelernt werden.

Für die nachfolgend beschriebenen Spiel- und Übungsformen brauchen die Bildkarten nur einmal vorbereitet werden. Sie können dann für alle Spielformen genutzt werden. Es gibt auch die Möglichkeit, auf käuflich zu erwerbende Bilder zurückzugreifen.

Übung 105: Suche deinen Partner!

Übungsablauf: Die Lehrkraft bereitet Wort- oder Bildkartenpaare vor. Ein Paar besteht immer aus der Einzahl- und der Mehrzahlform eines Nomens. Für jeden Schüler der Klasse muss eine Karte vorhanden sein. Die Karten werden verteilt. Die Kinder werden aufgefordert, ihren Partner zu suchen. Die Einzahl- und Mehrzahlformen werden hinterher benannt.

Material: Wort- oder Bildkartenpaare

Weiterer Hinweis: Dieses Spiel eignet sich auch zur Paarbildung der Klasse für eine Partnerarbeit.

Übung 106: Finde die Einzahl!

Übungsablauf: Es werden Bildkartenpaare vorbereitet, auf denen jeweils einmal die Nomen in der Einzahl und in der Mehrzahl abgebildet sind. Die Einzahlformen-Bilder werden an der Tafel befestigt. Von den Mehrzahlformen-Bildkarten erhält jedes Kind eine. Nun benennt jeder Schüler seine Mehrzahlform (ggf. mit dem dazugehörigem Artikel), sucht an der Tafel die passende Karte, nennt die Einzahlform und legt beide Karten zusammen.

Material: Wort- oder Bildkartenpaare

Weiterer Hinweis: Es fällt den Schülern oft viel schwerer, aus dem Plural den Singular zu bilden als umgekehrt. Bei diesen Kindern ist die verstärkte sprachliche Unterstützung der Lehrkraft notwendig (Handzeichen, Mitsprechen, Vorsprechen).

Übung 107: Die Einzahl- und Mehrzahl Raupe

Übungsablauf: Nach dem Prinzip der Raupenspiele kann auch eine Einzahl-Mehrzahl-Raupe mit der Vorlage „Raupe Rauli: Blanko“ aus dem Spiele-Set erstellt werden. Eine fertige Spielvorlage „Raupe Rauli: Einzahl-Mehrzahl-Formen“ kann auch im Spiele-Set erworben werden. Einzahl- und Mehrzahl-

Material: *Spielvorlage Raupe Rauli: Einzahl-Mehrzahl-Formen* bilder werden in die Kästchen gelegt. Die Spielfiguren werden auf das Startfeld gestellt. Das jüngste Kind beginnt zu würfeln, setzt seine Spielfigur auf das entsprechende Feld und muss nun die Einzahl- bzw. die Mehrzahlform bilden und dabei deutlich sprechen. Entsprechend der Lage der dazugehörigen Karte darf es entweder vor- oder zurückwandern. Sieger ist, wer zuerst das Ziel erreicht hat.

Übung 108: Memoryspiele II

Material: Einzahl-Mehrzahl-Memoryspiele

Übungsablauf: Zum Üben der Einzahl- und Mehrzahlbildung dienen Memorys als geradezu klassische Spielform, da meist zwei gleiche Objekte gesucht werden. Die Lehrkraft sollte die Wortauswahl der Memorys nach bestimmten Kriterien treffen. Welcher Wortschatz muss noch geübt werden? Welche Mehrzahlformen bei welchen Wörtern fallen den Schülern schwer? Beim Spielen wird nun sowohl Einzahl- als auch Mehrzahlform benannt. „Das ist ein Hund. Ich habe jetzt zwei Hunde gefunden.“ Die Lehrkraft sollte das Pluralwort wiederholen und dabei die Endung besonders betonen.

Weiterhin bietet es sich bei älteren Kindern an, die Pluralbildung auf der metagrammatischen Ebene zu reflektieren und die Unterschiede zwischen Einzahl- und Mehrzahlform zu benennen. „Ein Hund – zwei Hund**e**. Da hänge ich nur noch ein /e/ an das Wort, stimmt's?“

Übung 109: Wie viele zählst du?

Material: Realgegenstände, Wort- oder Bildkarten

Übungsablauf: Die Kinder sitzen im Stuhlkreis oder um einen Gruppentisch herum. In der Mitte liegen jeweils in zwei- bis vierfacher Ausführung Realgegenstände (vier Bonbons, drei Füller, zwei Radiergummis, drei Anspitzer, sieben Büroklammern), Bilder oder gut lesbare Wörter, die dem aktuellen Unterrichtsthema entnommen sind. Die Kinder benennen der Reihe nach die Gegenstände bzw. lesen die Wörter vor und zählen, wie viele es von einer Sorte gibt. „Ich zähle drei Stempel.“ Die Lehrkraft korrigiert ggf. bei falscher Mehrzahlbildung.

Variationen: Stufe 1: Von jeder Sorte liegen nur jeweils zwei Gegenstände in der Mitte des Stuhlkreises bzw. auf dem Gruppentisch. Nach dem Prinzip der Kim-Spiele, bei denen herausgefunden werden soll, was sich verändert hat, geht ein Kind, oder gehen zwei bis drei Kinder, nach dem Benennen der Gegenstände aus dem Raum. Ein anderes Kind nimmt nun beide Gegenstände eines Objektes aus der Mitte weg. Die Kinder werden wieder hereingerufen und sollen nun den fehlenden Begriff finden und diesen in der Mehrzahlform benennen.

Stufe 2: Wenn nur ein Objekt weggenommen wird, dann kehrt sich das sprachliche Ziel um. Aus der Mehrzahlform soll die Einzahlform gebildet werden („Vorhin lagen da zwei Stifte, nun liegt da noch ein Stift.“).

Übung 110: Verändere das Wort!

Material: Merktafeln

Übungsablauf: Um den Schülern die mit der Pluralbildung einhergehenden Veränderungen der Wortform zu verdeutlichen, können an ausgewählten Wörtern die schriftsprachlichen Veränderungen markiert werden. Dabei sollte immer farbig visualisiert werden (Abb. 16).

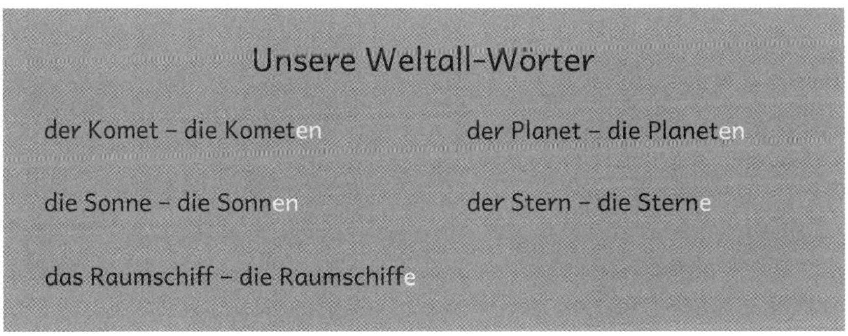

Abb. 16: Tafelbild zur Visualisierung der Mehrzahlbildung

Anwendungsprobleme und -voraussetzungen: Bei der Bildung der Einzahl- und Mehrzahlform ist darauf zu achten, dass auch die Artikel mitgesprochen werden. Den Kindern kann verdeutlicht werden, dass bei der Mehrzahl immer der Artikel „die“ verwendet wird.

Weitere Übungen zur Pluralbildung findet man in:

Wilhelm, E. (2005): Der Grammatik-Gourmet. Förderung des Grammatikerwerbs bei Kindern mit Sprachstörungen. Teil 1, PROLOG, Köln

5.2.3 Kasus: Akkusativ- und Dativbildung

LERNZIELE

- Bildung der Fälle Akkusativ und Dativ
- Kennenlernen bestimmter Verben und Präpositionen, die einen entsprechenden Fall erfordern
- Verbalsprachliche Vorbereitung für das Erreichen der Lernziele im Fach Deutsch (Grammatik)

Das richtige verbalsprachliche Bilden der Kasusformen stellt die Voraussetzung dafür dar, dass die Kinder im Grammatikunterricht metasprachlich darüber reflektieren können.

Dazu sollte nur mit wenigen Nomen gearbeitet werden, deren Genus von den Kindern bereits sicher beherrscht wird. Es muss unbedingt beachtet werden, dass die Reihenfolge des normalen Grammatikerwerbs eingehalten wird. So muss der Akkusativ zwingend erworben sein, bevor mit der Erarbeitung der Dativmarkierungen begonnen wird. Zeitgleiches Einführen ist zu vermeiden.

Übung 111: Verdecktes Bauen (Berg 2018)

Material: Aufsteller, Realobjekte, Bilder oder Wortkarten

Übungsablauf: Bei dem Spielformat „Verdecktes Bauen" sind zwei Spielparteien (zwei Schüler oder Kind und Lehrkraft) durch einen Sichtschutz getrennt.

Beide Spielparteien haben die gleichen Objekte (Wörter oder Bilder) vor sich liegen. Diese können den curricularen Lernzielen entsprechen (z. B. Mathematik: geometrische Formen, Sachunterricht: Bäume, Werken: Werkzeuge). Der Schüler legt die Objekte hinter den Sichtschutz in eine Reihe und benennt, was er gelegt hat. „Ich lege den Hund, die Maus, den Esel und das Küken". Die andere Spielpartei merkt sich die Begriffe und legt ihre Objekte danach in der gleichen Reihenfolge hin. Anschließend wird verglichen.

Die Lehrkraft kann jetzt noch einmal das Kind, dessen individuelles Sprachziel im Erwerb des Akkusativs liegt, die Reihe wiederholen lassen. Bei der nächsten Runde werden die Rollen gewechselt.

Variationen: Stufe 1: Die Lehrkraft oder ein Kind stehen hinter der Tafel und alle anderen Schüler sitzen am Platz. Nun benennt die Person hinter der

Tafel die Reihe der Gegenstände, die anderen Kinder legen die Reihe auf ihrem Platz mit. Anschließend soll ein Kind die Reihe vollständig benennen.

Um die Dativmarkierung zu üben, kann das Spiel etwas angepasst werden. Nach den Objekten wird in einer Art und Weise gefragt, die die Präpositionen „nach", „vor" oder „auf" bedingen: „Wo befindet sich der Hund?" – „**Vor dem** Vogel und **auf dem** Krokodil."

Übung 112: Instrumente erkunden (Käß 2010)

Übungsablauf: Die Kinder sitzen im Stuhlkreis. In der Mitte liegen verschiedene Instrumente, z. B. Orff-Instrumente. Den Kindern werden Fragen gestellt, deren Beantwortung den Akkusativ erfordert.

Material: Orff-Instrumente

Eingangsfrage: „Welches Instrument kennst du?" Die Schüler benennen die Instrumente. „Ich kenne **das** Xylophon." „Ich kenne **den** Regenmacher." „Ich kenne **die** Pauke." Die Lehrkraft korrigiert die Schülerantworten durch korrektives Feedback. Es ist nicht unbedingt erforderlich, dass die Kinder im Satz sprechen. Es reicht, wenn sie den Akkusativ bilden: „**Den** Schellenkranz."

Frage: „Welches Instrument möchtest du spielen?" „Ich spiele **die** Trommel."

Abschließend kann noch ein festigendes Spiel zum Hören gespielt werden. Die Kinder schließen die Augen oder drehen sich um. „Welches Instrument hörst du jetzt?" „Ich höre **die** Triangel." „Ich höre **den** Klangstab."

Variation: Diese Spielform kann auch in anderen Unterrichtsstunden Anwendung finden. Nun liegen Objekte aus anderen Themen- bzw. Unterrichtsbereichen in der Mitte des Stuhlkreises, z. B. Bilder von Sportgeräten (Sportunterricht), Realgegenstände aus dem „Ernährungsprojekt" oder Objekte aus dem Mathematikunterricht.

Übung 113: Ich frage nach dem Akkusativ: WEN? oder WAS?

Übungsablauf: Als eine einleitende Übung stellt die Lehrkraft einfache Fragen, deren Beantwortung den Akkusativ erfordert.

Material: ist nicht notwendig

- Was schaust du gern an?
- Was bäckst du gern?
- Was baust du am liebsten?
- Wen lädst du zum Geburtstag ein?
- Wen möchtest du an deinem Gruppentisch haben?

Es gibt eine Anzahl von Verben, die den Akkusativ erfordern: aufräumen, haben, kaufen, lesen, trinken, verlieren, vergessen u.v.m.

Variation: Die Lehrkraft schreibt die entsprechenden Fragen an die Tafel und lässt dabei den Artikel weg. Diesen sollen die Kinder nun richtig einsetzen. Dazu müssen sie nach „Was?“ oder „Wen?“ fragen, um die richtige Lösung zu finden.

Kaufst du ___ Auto? (Frage: Was kaufst du? Antwort: ein Auto!)
Magst du ____ Eis? (Frage: Was magst du? Antwort: ein Eis!)
Möchtest du ____ Teddy haben ? (Frage: Was möchtest du haben? Antwort: einen Teddy!)

In vergleichbarer Weise lässt sich der Dativ üben. Die Lehrkraft stellt Fragen, deren Beantwortung den Dativ erfordert.

Wem gibst du ein Gummibärchen ab?
Wem möchtest du eine Karte schreiben?
Wem hilfst du am liebsten?

Viele sehr schöne Spiel- und Fördervorschläge zum Erwerb und zur Festigung des Akkusativs finden sich in:
Deutsche Gesellschaft für Sprachheilpädagogik (2010): Themenheft Akkusativ. In: https://lg.dgs-ev.de/fileadmin/bilder/dgs/pdf-dateien/bayern/praxisSprache/PraxisSprache2001_1.pdf

Übung 114: Ich frage nach dem Dativ – WEM?

Material: Vorlesegeschichte, Tafel, Kreide

Übungsablauf: Die Lehrkraft liest eine kleine Geschichte mit einfachen sinnhaften Sätzen vor. Danach sollen die Kinder Fragen mit „Wem?“ stellen. Ein entsprechendes Tafelbild visualisiert die Aufgabenstellung.

Die Lehrkraft liest vor, z.B.: Amire schreibt ihrem Freund Julius einen Brief.

Die Kinder sollen nun die Frage bilden: Wem schreibt Amire einen Brief?

Die Frage und die entsprechende Antwort (ihrem Freund Julius) werden an der Tafel festgehalten und die zentralen Wörter farbig markiert.

Übung 115: Akkusativ oder Dativ?

Übungsablauf: Diese Übung dient der Festigung bei kasussicheren oder älteren Kindern. Die Kinder entscheiden selbstständig, ob der Dativ oder der Akkusativ eingesetzt wird.

Die Lehrkraft schreibt verschiedene einfache Sätze, die Akkusativ oder Dativ beinhalten, an die Tafel. Anschließend werden die Endungen der Artikel und des Adjektivs abgewischt.

Material:
Tafel, Kreide

Akkusativ: Ich kaufe ein__ wichtig__ Zutat. (Frage: Was kaufst du? Antwort: Eine wichtige Zutat.)
Dativ: Die Lehrerin hilft d__ klein__ Kind. (Frage: Wem hilft die Lehrerin? Dem kleinen Kind.)

Übung 116: Übungen mit Präpositionen

Übungsablauf: Die Lehrkraft oder eine Identifikationsfigur versteckt Gegenstände. Heute hat sie ein Tütchen mit Gummibärchen dabei. Die Schüler legen ihre Köpfe auf die Bank und schließen die Augen. Die Lehrkraft (bzw. die Identifikationsfigur) versteckt die Gummibärchen z. B. auf dem Fensterbrett.

Alle Schüler werden aufgefordert, die Augen zu öffnen und die Gummibärchentüte zu suchen, ohne sich vom Platz zu erheben. Der Schüler, der die Tüte mit den Gummibärchen findet, bildet nun einen Satz: „Das Tütchen ist auf dem Fensterbrett." (unter dem Tisch, vor der Vase, neben der Tür, hinter dem Vorhang, in der Obstschale, über dem Waschbecken).

Nun ist das Kind, welches den Satz korrekt gebildet hat, an der Reihe, die Tüte zu verstecken.

Am Ende der Übung werden die Gummibärchen aus der Tüte aufgeteilt.

Material:
Handpuppe, Gegenstände

Übung 117: Wo bin ich?

Übungsablauf: Die Identifikationsfigur stellt sich über (unter, vor, hinter, rechts neben oder links neben) das Kind und fragt: „Wo bin ich?". Das entsprechende Kind antwortet (ohne hochzuschauen): „Du bist rechts neben mir." „Du bist über mir." (Dabei dürfen ruhig leise Bewegungsgeräusche der Figur zu hören sein). Dieses Spiel ist gut geeignet als Stilleübung.

Material:
Identifikationsfigur

Übung 118: Präpositionen würfeln

Material: Würfel, Tafel, Kreide

Übungsablauf: Für dieses Spiel benötigt man einen Würfel. Jeder Augenzahl wird eine Präposition zugeordnet: 1: in, 2: auf, 3: unter, 4: vor, 5: hinter, 6: neben. Die Zuordnung wird an der Tafel veranschaulicht. Die Kinder würfeln der Reihe nach und bilden mit der gewürfelten Präposition einen Satz.

Variationen: Stufe 2: Es ließe sich auch ein Blanko-Würfel mit den Präpositionen bekleben und mit der gewürfelten Präposition ein Satz bilden, der dann aufgeschrieben werden kann.

Der Satz kann an die Tafel geschrieben werden. Die Präposition und die Veränderung des Artikels sind visuell hervorzuheben, um die Aufmerksamkeit der Kinder auf dieses Lernziel zu lenken.

Stufe 3: Wenn die Kinder das Spiel gut genug kennen, dann können sie es am Gruppentisch selbstständig spielen und die Sätze ins Heft schreiben. Diese Sätze können nun wiederum für weitere Übungen zur Verfügung stehen (Suche die Präpositionen, kennzeichne den Artikel).

Weitere Übungen zur Verwendung des Akkusativs und des Dativs findet man in:
Wilhelm, E. (2005): Der Grammatik-Gourmet. Förderung des Grammatikerwerbs bei Kindern mit Sprachstörungen. Teil 1. PROLOG, Köln

5.2.4 Steigerung der Adjektive

LERNZIELE

– Erwerb und Festigung der Steigerung regelmäßiger und unregelmäßiger Adjektive

Übung 119: Plakat zur Visualisierung der Steigerungsformen

Material: Merktafel bzw. Plakat

Übungsablauf: Zur Kennzeichnung der Veränderungen in der Wortform sollten grundsätzlich Visualisierungen Einsatz finden. Die Lehrkraft stellt gemeinsam mit den Schülern kleine Merkplakate her, die für eine Weile auf den Tisch der Kinder geklebt oder an die Wand geheftet werden können. Dabei sollten die Kinder frei wählen dürfen, welche Bilder und welches Adjektiv sie zur Veranschaulichung darstellen möchten. Die persönliche Bedeutung der Plakate verstärkt die Merkfähigkeit der Kinder für deren Inhalte. Die Lehrkraft macht die Kinder darauf aufmerksam, wie sich die Mehr- und

Meiststufe im Vergleich zur Grundstufe schriftsprachlich und verbalsprachlich verändert (Abb. 17).

Die Formen, besonders die veränderten Endungen, werden so lange sehr deutlich gesprochen, bis die Kinder mit Auffälligkeiten im Bereich der Steigerungsformen, die Beispiele sprachlich verinnerlicht haben und mit Hilfe des Merkplakates richtig abrufen können.

Grundstufe Positiv	Mehrstufe Komparativ	Meiststufe Superlativ

leicht	leichter	am leichtesten

Abb. 17: Beispiele für Merkplakate zur Steigerung der Adjektive

Übung 120: Adjektiv-Steigerung

Übungsablauf: Zur Festigung der Adjektiv-Steigerung kann eine bestimmte Anzahl Schüler jeweils eine Bild- bzw. Wortkarte erhalten. Auf diesen stehen Adjektive in ihrer gebeugten Form und eventuell ein Bild (z. B. erhält ein Schüler das Wort „leicht" mit einem Vogel, ein anderer den Komparativ „leichter" mit dem Bild einer Nuss, der nächste die Superlativform „am leichtesten" mit der Abbildung einer Feder). Sie finden sich nun zu Gruppen zusammen, die den Steigerungsformen des jeweiligen Adjektivs entsprechen und sprechen: Der Vogel ist leicht, die Nuss ist leichter, die Feder ist am leichtesten.

Material: Bild- und Wortkarten

Nun können in den gebildeten Gruppen weitere Übungen zur Steigerung der Adjektive erfolgen.

Übung 121: Regelmäßige Steigerungen

Übungsablauf: Die Kinder erhalten Karten, auf denen verschiedene Behauptungen stehen. Sie sollen entscheiden bzw. diskutieren, ob die Behauptung wahr ist oder nicht („Der Wal ist das größte Säugetier.", „Der Winter ist die schönste Jahreszeit."). Dabei verwenden sie verbalsprachlich automatisch die vorgegebene Steigerungsform bzw. erweitern diese im Diskurs.

Material: Karten mit Sätzen

Variationen: Stufe 1: Die Schülergruppe mit dem geringsten Leistungsstand bei der Adjektivsteigerung erhält die Unterstützung der Lehrkraft. Diese kann zum einen dadurch erfolgen, dass bereits Satzanfänge und ein Adjektiv schriftlich vorgegeben werden. So brauchen die Kinder nicht nach dem passenden Wortschatz und einer Formulierung zu suchen, sondern können sich auf das Unterrichtsziel der Adjektivsteigerung konzentrieren. Bei Unsicherheiten oder falscher Bildung der Steigerungsformen modelliert die Lehrkraft die korrekte Form.

Stufe 2: Die Lehrkraft teilt die Schüler in Gruppen zu drei bis vier Kindern auf. Dies kann nach sprachlicher Leistungsfähigkeit erfolgen. Die Kinder sollen die regelmäßigen Steigerungen üben, indem sie verschiedene Behauptungen aufstellen. Dies kann sowohl verbalsprachlich als auch schriftlich erfolgen und vorgelesen werden. Die anderen Kinder entscheiden, ob die vorlesenden Kinder richtig liegen oder nicht.

Übung 122: Die Steigerungs-Raupe

Material: *Spielvorlage Raupe Rauli: Steigerungsformen oder Blanko,* Spielfiguren, Würfel

Übungsablauf: Die Lehrkraft bildet Kleingruppen von drei bis vier Kindern. Die Kinder üben die Steigerung der Adjektive an der „Raupe Rauli: Steigerungsformen“. Alternativ wird die Spielvorlage „Raupe Rauli: Blanko“ mit Adjektiven in den drei Steigerungsformen bestückt. Beide Spielvorlagen sind im Spiele-Set erhältlich. Die Adjektive (Wörter oder Bilder) (hoch, höher, am höchsten; wenig, weniger, am wenigsten; gut, besser, am besten) werden ungeordnet hintereinander in die Raupe geklebt. Das erste Kind würfelt und kommt mit seiner Spielfigur auf ein Adjektiv der Grundform. Nun muss es die beiden Formen der Mehr- und der Meiststufe suchen und darf entsprechend um beide Spielfelder vorrücken. Gelangt ein Kind auf ein Feld mit einem Wort in der Mehrstufe, muss es nur noch die Meiststufe suchen und darf dann einmal vorrücken. Beim Würfeln auf einem Wortfeld der Meiststufe zu landen, ist schlecht. Dann muss das Kind die beiden Vorgängerstufen suchen und um die entsprechenden Felder zurücksetzen. Wer als Erster am Ziel angekommen ist, hat gewonnen.

Übung 123: Wer findet den lustigsten Satz?

Material: *Spielvorlage Raupe Rauli: Blanko,* Würfel, Spielfiguren

Übungsablauf: Die Kinder erhalten die Spielvorlage „Raupe Rauli: Blanko“, die im Spiele-Set erhältlich ist. Die meisten Spielfelder bleiben frei und dienen lediglich dem Weitersetzen. Einige der Spielfelder werden jedoch als Aktionsfelder gekennzeichnet. In diese Felder dürfen die Schüler selbstständig Adjektiv-Grundformen schreiben. Die Kinder würfeln und gelangen entweder durch das Setzen der Spielfigur auf ein einfaches Spielfeld – dann ist der nächste an der Reihe – oder sie gelangen auf ein Feld mit einem Adjektiv.

Dann soll von dem Kind ein Satz mit dem entsprechenden Adjektiv (entweder als Grund-, Mehr- oder Meistform) gebildet werden. Ist der Satz korrekt, darf der Schüler noch einmal würfeln. Wer bildet den lustigsten Satz?

Variationen: Stufe 2: Die Kinder sollen keinen Satz bilden, sondern die Steigerungsformen aufschreiben.
Stufe 3: Eine weitere Variante besteht darin, nicht nur die Grundformen in die Spielvorlage aufzunehmen, sondern auch die Mehr- und Meistformen verschiedener Adjektive. Auch hiermit können die Kinder nun Sätze bilden oder die fehlenden Formen aufschreiben.

Anwendungsprobleme und -voraussetzungen: Den unregelmäßigen Steigerungsformen muss besondere Beachtung geschenkt werden. Die Mehr- und Meistformen der Adjektive „gut" und „viel" sind zu lernen wie neue Wörter. Dabei sollten zum einen kognitive Lernstrategien und zum anderen Übungen aus dem Bereich des Wortschatzerwerbs Anwendung finden. Den Kindern muss kognitiv vermittelt werden, dass die Steigerungsformen einiger weniger Wörter nicht regelhaft gebildet werden, sondern andere Wortgestalten besitzen. Die beiden Adjektive, die am stärksten ihre Wortform verändern und daher in den Spielvorlagen unbedingt enthalten sein sollten, weil sie der meisten Übung bedürfen, sind:

- viel – mehr – am meisten
- gut – besser – am besten

Bei der Einführung sollte jeweils nur ein unregelmäßiges Adjektiv berücksichtigt werden. Visualisierungen (Steigerungsplakat) und Beispielmerksätze unterstützen den Erwerb und den korrekten Abruf. In der Phase der Anwendung können die oben beschriebenen Spiele auch für unregelmäßig zu steigernde Adjektive Einsatz finden.

5.2.5 Übungen zur Subjekt-Verb-Kongruenz und Verbzweitstellung

LERNZIELE

- Erwerb und Festigung der Subjekt-Verb-Kongruenz
- Erwerb und Festigung der Verbzweitstellung im Satzbau

Um die Subjekt-Verb-Kongruenz-Regel zu erlernen, sind mindestens zwei Subjekte notwendig, damit die Schüler die morphologische Veränderung des Verbs wahrnehmen. Die /st/-Markierung der 2. Person Singular ist dabei besonders wichtig (wir heben – du heb**st**). Bei den ersten Übungen sollte sich auf nur ein Verb beschränkt werden. Eine professionelle Lehrersprache, die überartikuliert die Unterschiede in den Endungen betont, erleichtert den Kindern die Wahrnehmung der Zielform bzw. der Verbendung.

Übung 124: Einstiegsspiel: Das verkleidete Wort

Material: Overheadprojektor und Folien oder Wortkarten

Übungsablauf: Ein schönes Beispiel für ein Einstiegsspiel ist „Das verkleidete Wort". Hierbei wird den Kindern ein Verb schriftlich vorgegeben, bei dem die Endungen durch Übereinanderlegen entsprechend des Zieles angepasst werden können. Das Wort wird „verkleidet", z.B. von „merken" zu „merkst" (Berg 2018).

Übung 125: Was fühlst du? II

Material: zwei Tastkisten oder Fühlsäckchen, Gegenstände

Übungsablauf: Beim Spiel mit einem Tast- und Fühlsack lassen sich verschiedene sprachliche Formate üben. Verbunden mit der sensorischen Sinneswahrnehmung (haptisch) kann die Anwendung des Verbes in seiner korrekten Beugung gefestigt werden. Nach dem Befüllen von zwei Fühlsäckchen mit beispielsweise einem Stein (ein Fühlsäckchen) und einer Eichel (ein weiteres Fühlsäckchen) lässt sich die Frage stellen „Was fühlst du und was fühle ich?" und die Antwort „Ich fühle den Stein und du fühlst die Eichel." erwarten. Danach werden die Fühlsäckchen neu befüllt.

Es ist darauf zu achten, dass die Bezeichnungen der Objekte den Kindern bekannt sind. Anschließend bietet es sich an, die Veränderungen des Verbs an der Tafel zu veranschaulichen.

Den Kindern lediglich einen Fühlsack zu geben, ist nicht zielführend, da für eine gelingende Kommunikation in vielen Antworten lediglich das Nomen notwendig ist. Bei Modifikationen dieses Spiels muss folglich darauf geachtet werden, dass die Verbform in der Antwort tatsächlich benannt werden muss.

Übung 126: Rollenspiel: Einkaufsladen

Material: Realobjekte, Bildmaterial

Übungsablauf: Den Kindern werden Bildkarten oder Plastikfrüchte aus einem Einkaufsspiel zur Verfügung gestellt. Ein Kind wird in der Gruppe zum „Verkäufer" ernannt, ein bis zwei weitere Mitschüler stellen die „Käufer" dar.

Als Grundlage für den Verkaufsdialog dienen neben den Einkaufobjekten zuvor festgelegte Verben wie z. B. möchten, kaufen, verpacken, helfen. Die Satzanfänge werden in gebeugter Form auf den Verkaufstresen gelegt und dienen als Gedächtnisstütze und korrekte Vorgabe für Kinder, die die Subjekt-Verb-Kongruenz noch nicht sicher beherrschen.

Ich möchte …
Kaufst du …
Ich verpacke …
Gern helfe ich …

Übung 127: Satzbaudomino

Material: Wortkarten, Tafel, Magnete

Übungsablauf: Viel Spaß bereiten den Kindern Spiele, in dem lustige oder auch unsinnige Sätze gebildet werden. Beim Satzdomino erhalten die Kinder eine Auswahl unterschiedlicher Wortkärtchen mit verschiedenen Wörtern. Zur Förderung der Subjekt-Verb-Kongruenz sollten konjugierte Verben, Nomen, Präpositionen usw. zur Verfügung stehen. Die Schüler können mit den Wortkarten verschiedene Sätze oder sogar Geschichten bilden. Diese werden zum Schluss der Übungsphase der Klasse vorgelesen (Abb. 18).

Variationen: Stufe 1: Zur Visualisierung für sehr unsichere Schüler können für das Personalpronomen und die Verbendung gleiche Farben verwendet werden.

Es können Puzzlewörter für die Schüler erstellt werden. Dann können sie selbstständig Sätze bilden, die später vorgelesen werden.

Stufe 2: Leistungsstärkere Schüler können in Gruppen oder allein arbeiten, während der Lehrer mit den anderen Kindern die Satzmöglichkeiten an der Tafel erarbeitet.

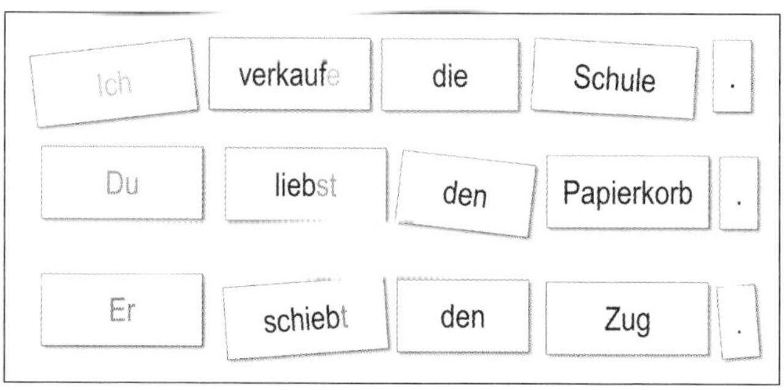

Abb. 18: Beispielsätze aus dem Satzbaudomino

Kindern mit Schwierigkeiten bei der Bildung der Subjekt-Verb-Kongruenz werden die konjugierten Formen nur eines Verbes vorgegeben. Diese werden mit Unterstützung der Lehrkraft gelegt und vor- und nachgesprochen, vorgelesen, mit Lautzeichen verdeutlicht und in unterschiedlichen Satzvarianten so lange wiederholt, bis ein deutlicher Übungseffekt eingetreten ist und das Kind die gebeugten Verbformen mehrfach korrekt produziert hat.

Eine sehr deutliche Lehrersprache unterstützt die Wahrnehmung der verschiedenen Verbendungen. Zudem können auch die Endungen der Verben auf den Wortkärtchen farbig markiert werden.

Übung 128: Die Subjekt-Verb-Kongruenz-Raupe

Material: *Spielvorlage Raupe Rauli: Subjekt-Verb-Kongruenz oder Blanko*, Setzfiguren, Würfel

Übungsablauf: Eine fertige Spielvorlage „Raupe Rauli: Subjekt-Verb-Kongruenz“ oder die Spielvorlage „Raupe Rauli: Blanko“ kann zusätzlich zum Buch im Spiele-Set erworben werden. In die Spielvorlage „Raupe-Rauli: Blanko“ werden unterschiedliche gebeugte Verben und Pronomen geschrieben (ich, du, er, wir; teile, teilst, teilt, teilen usw.). Um eine eindeutige Zuordnung zu gewährleisten, wird im Hintergrund der Spielfelder mit den Pronomen immer ein Bild abgebildet, welches das dazugehörige Verb darstellt. Zum Beispiel steht auf dem Spielfeld das Pronomen „ich“ und im Hintergrund ist zu sehen, wie ein Kind etwas aufteilt. Auf dem dazugehörigen Partnerspielfeld steht das Wort „teile“. Die Endungen werden grün gestaltet. Das erste Kind kommt mit seiner Spielfigur auf das Feld mit dem Pronomen „du“ und dem Hintergrundbild, auf dem ein Kind singt. Nun muss es das passende Verb mit der Endung /-st/ suchen, also „du singst“. Nach demselben Prinzip der anderen Raupenspiele muss man zurücksetzen, wenn sich das Partnerfeld hinter dem Spielfeld befindet, auf dem man gerade steht.

Viele weitere Übungen finden sich in:

Berg, M. (2018): Kontextoptimierung im Unterricht. Praxisbausteine für die Förderung grammatischer Fähigkeiten. 3., aktual. Aufl. Ernst Reinhardt, München

Eisert, D., Rist, A. (2009): Spiele zur grammatischen Sprachförderung und -therapie – Modifikation von 20 Regelspielen im Sinne der Kontextoptimierung von Hans Joachim Motsch. Avm, München

Wilhelm, E. (2005): Der Grammatik-Gourmet. Förderung des Grammatikerwerbs bei Kindermit Sprachstörungen. Teil 1. PROLOG, Köln

5.2.6 Bildung der Vergangenheitsformen Perfekt und Präteritum (Imperfekt)

LERNZIELE

- Sichere Anwendung der Vergangenheitsformen

Das Perfekt beschreibt die vollendete Gegenwart (z. B. Ich habe gelernt.), das Präteritum die unvollendete Vergangenheit (Ich lernte.). Letzteres bezeichnet also einen Vorgang, der gerade erst abgeschlossen ist. Da das Perfekt primär im sprachlichen Dialog verwendet wird, soll es in sprachförderlichen Unterrichtsanteilen besonders berücksichtigt werden. Der Abruf der Perfektform ist in vielen unterrichtlichen Situationen gut zu initiieren.

Übung 129: Wie war dein Wochenende?

Material: ist nicht notwendig

Übungsablauf: Zu Beginn der ersten Schulstunde nach dem Wochenende wird in vielen Klassen ein Morgenkreis durchgeführt, in dem die Kinder von ihrem Wochenende erzählen. Diese Situation eignet sich sehr gut zur Förderung der Perfektform. Die Lehrkraft beginnt den Morgenkreis, indem sie erzählt, was sie unternommen hat. Dabei gibt sie als Sprachmodell in besonders intensiver Weise die Perfektform vor und betont die wichtige Vorsilbe /ge-/ (Gestern bin ich lange gewandert, danach habe ich gegessen und getrunken. Ich war furchtbar geschafft. In der Nacht habe ich tief und fest geschlafen.). Nun erzählen die Schüler reihum, was sie am Wochenende getan haben.

Zur visuellen Unterstützung des korrekten Abrufes der Perfektform kann die Silbe /ge-/ in die Mitte des Stuhlkreises gelegt oder an die Tafel geheftet werden. Auch ein vorher vereinbartes Handzeichen hilft dabei, die Kinder mit Problemen bei der Perfektbildung an die richtige Form zu erinnern.

Variation: Am Stundenende und am Ende eines Unterrichtstages lässt die Lehrkraft einen Schüler mit Schwierigkeiten bei der Perfektbildung, die Stundeninhalte wiederholen. („Luisa, was haben wir heute in der Schule gemacht?"). Dabei betont die Lehrkraft noch einmal die Vorsilbe /ge-/. Die Antwort des Kindes lautet „Heute haben wir gemalt, geschrieben, gegessen, gelesen, gerechnet und geturnt.").

Per korrektivem Feedback werden Fehler gleich verbessert und die richtige Form vorgesprochen. Unterstützend kann auch der sich an der Tafel befindende Tagesplan sein. Indem die Lehrkraft auf die jeweilige Tätigkeit zeigt, weiß sie, was das Kind für eine Tätigkeit in der Perfektform sagen wird. Sie kann ggf. vor- oder mitsprechen und so dem Kind die notwendige Sicherheit beim Sprechen geben.

Übung 130: Memoryspiele III

Material: Memoryspiel

Übungsablauf: Die Lehrkraft hat ein Memory vorbereitet, in dem jeweils die Nenn- und die Perfektform zusammengehören. Die verwendeten Verben sollten möglichst einen Bezug zum aktuellen Wortschatz der Unterrichtsthematiken haben, damit sowohl die unterrichtlichen als auch die sprachlichen Ziele gut vernetzt geübt werden. Die Personalpronomen müssen immer mit benannt werden.

Zum Thema „Sport" bieten sich z.B. die Verben der Bewegung an.

Material hierzu steht als Online-Zusatzmaterial zur Verfügung.

Zum Thema Gesundheit oder Ernährung eignen sich die Verben aus dem entsprechenden Wortfeld (essen, ernähren, einkaufen, tragen, kochen, putzen, decken, waschen).

Variationen: Diese Form des Memorys kann auch mit

- Präsens- (Nennformen) und Präteritumformen (rennen – rannten, fallen – fielen)
- Perfekt- und Präteritumformen (gesehen – sah, gesprungen – sprangen)
- Perfekt- und Präsensformen (gerannt – rennen) gespielt werden.

Es ist darauf zu achten, dass unregelmäßig zu beugende Verben ebenfalls angeboten werden. Die Beugung unregelmäßiger Verben wird von den Kindern häufig übergeneralisiert. Die Lehrkraft sollte daher bei Übungssequenzen ihre besondere Aufmerksamkeit auf diese „schwierigen" Verben richten. Sie sind zu erlernen wie neue Wörter (Praxishilfen zur Wortschatzförderung).

Übung 131: Wie geht es weiter?

Material: ist nicht notwendig

Übungsablauf: Den Kindern werden Satzanfänge in der Vergangenheit vorgegeben, die sie vervollständigen sollen. Schüler, die die Perfektform bereits sicher beherrschen, können einen Satz bilden, der lediglich mit „Gestern…" beginnt. Kinder, die noch Unsicherheiten in der Verbbeugung zeigen, sollten die Perfektform vorgegeben bekommen („Gestern haben wir gespielt, als…").

Variationen: Stufe 2: Es können mehrere Sätze gebildet werden, die zusammen eine kleine Geschichte erzählen sollen. Diese wird im Anschluss vorgelesen. Wer hat die lustigste Geschichte geschrieben?
Stufe 3: Die Sätze können aufgeschrieben werden, wenn sie vorher verbalsprachlich korrekt gesprochen wurden. Anschließend wird die gebeugte Verbform gesucht und unterstrichen. Die Vorsilbe /ge-/ wird farbig markiert. So unterstützen die Visualisierungen die Merkfähigkeit bei der Perfektbildung.

Schwieriger ist es für die meisten Kinder, den Satz im Präteritum weiterzuerzählen, z. B.

Am Montag sah ich Peter vor der Kaufhalle. Er spielte mit seinem Handy. Dann kamen Poldi und Milo.

5.2.7 Übungen zur Satzbildung

LERNZIELE

- Erlernen der korrekten Satzbildung mit einfachen Hauptsätzen
- Erlernen der korrekten Satzbildung mit einfachen Nebensatzkonstruktionen

Kinder mit erheblichen Problemen im Satzbau benötigen vor den festigenden Übungen eine sehr anschauliche Einführung in den Aufbau eines einfachen Hauptsatzes. Hauptsätze bestehen im Deutschen aus dem Subjekt, dem Prädikat und häufig zudem noch aus dem Objekt.

Das *Subjekt* ist derjenige, der im Satz etwas tut. In der Regel ist es ein Nomen (und sein Artikel) oder ein Pronomen (Die Tafel ...; Du ...).

Das *Prädikat* besteht immer aus einem Verb (schreiben – schreibst). Manchmal tritt es in zwei Teilen auf (abschreiben – schreibst ab).

Subjekt und Prädikat können durch ein *Objekt* ergänzt werden, welches aus mehreren Wörtern bestehen kann (...im Heft).

Um dies zu visualisieren, lassen sich geometrische Formen (Abb. 19) verwenden. Ob die Begriffe Subjekt, Prädikat und Objekt bereits bei Sprachübungen eingeführt werden, liegt im Ermessen der Lehrkraft. Dies kann bei älteren Kindern angebracht sein, die bereits kognitiv über den Satzbau reflektieren können und dieses Wissen als Unterstützung für ihr Sprachlernen einsetzen. Eine weitere Verbindung besteht in der Verknüpfung mit dem Unterrichtsthema „Satzglieder“ im Grammatikunterricht.

Dieses Bild kann zur Erinnerung auf den Platz des Kindes geklebt werden. So hat es einen Anhaltspunkt für den korrekten Satzbau.

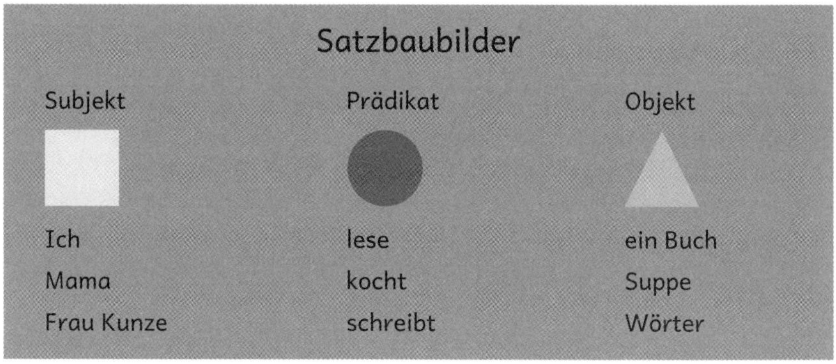

Abb. 19: Beispiel für ein Satzbaubild

Übung 132: Findest du einen Satz?

Material: ist nicht notwendig

Übungsablauf: Die Lehrkraft nennt zwei Wörter. Die Schüler bilden zu diesen Wörtern einen Satz. Das Spiel kann erschwert werden, indem sogar drei oder vier Wörter vorgegeben werden.

Ball – spielen	Das Kind spielt mit dem Ball.
Katze – grün	Die Katze hat grüne Augen.
Sport – gesund	Ich treibe viel Sport, damit ich gesund bleibe.

Übung 133: Neue Sätze erfinden

Material: ist nicht notwendig

Übungsablauf: Die Lehrkraft oder ein Schüler geben einen Satz vor. Das nächste Kind wird aufgefordert, mit dem letzten Wort des vorgegebenen Satzes einen neuen Satz zu bilden, z. B.

Der Junge malt einen Hund. Der Hund spielt im Garten. Im Garten sind viele Erdbeeren. Die Erdbeeren sind süß. Süßes Eis esse ich gern. Gern hätte ich eine Banane. Die Banane ist am Baum.

Übung 134: Satzpuzzle

Material: leere Papierzettel, Stifte

Übungsablauf: Die Klasse wird in Gruppen eingeteilt. Jede Gruppe erhält leere Papierzettel in beliebiger Anzahl und denkt sich einen Satz aus. Auf jeden Zettel wird ein Wort des Satzes bzw. das Satzzeichen geschrieben. Nun legt die Gruppe den Satz auf ihren Tisch und die Lehrkraft kontrolliert. Auf ein Zeichen tauschen die Gruppen ihre Satzpuzzle und die einzelnen Gruppen puzzeln nun jeweils den Satz einer anderen Gruppe zusammen. Die Gruppen kontrollieren sich untereinander. Das fördert die Kommunikation.

Variation: Stufe 3: Das Lernziel kann erweitert werden, indem den Schülern vorgegeben wird, Wörter mit einer bestimmten rechtschreiblichen Besonderheit zu verwenden oder den Satz zu einem bestimmten Thema zu formulieren.

Übung 135: Sätze verlängern – Wie viele Wörter schafft ihr?

Material: ist nicht notwendig

Übungsablauf: Viel Freude haben die Kinder an Wettbewerbsspielen mit lustigem Charakter. Beim Spiel „Wie viele Wörter schafft ihr?" beginnt ein Kind, indem es einen Satzanfang (ein Wort) sagt. Nun fügen die anderen Schüler nacheinander jeweils ein Wort dazu, so dass ein sinnvoller Satz entsteht. Dies kann zunächst als Übung an der Tafel mit der ganzen Klasse gespielt werden.

Sobald die Kinder eine gewisse Sicherheit in der Satzbildung erworben haben, können sie in kleinen Gruppen gegeneinander antreten. Wer bildet einen sinnvollen Satz mit den meisten Wörtern?

BEISPIEL

Ich
Ich habe
Ich habe gestern
Ich habe gestern Abend
Ich habe gestern Abend am
Ich habe gestern Abend am Lagerfeuer
Ich habe gestern Abend am Lagerfeuer gesessen
Ich habe gestern Abend am Lagerfeuer gesessen und
Ich habe gestern Abend am Lagerfeuer gesessen und ein
Ich habe gestern Abend am Lagerfeuer gesessen und ein Lied gesungen,
Ich habe gestern Abend am Lagerfeuer gesessen und ein Lied gesungen, als gerade …

In den nächsten Übungen wird die Bildung komplexer Satzmuster geübt. Als Einstiegsspiel wird von Motsch (2013) das Fluchtspiel empfohlen.

Übung 136: Fluchtspiel (Motsch 2013)

Material: Wortkarten, Tafel, Magnete

Übungsablauf: Bei diesem Spiel entdecken die Kinder, dass das finite Verb seinen Platz an der zweiten Stelle verlässt und zum Ende des Satzes wandert. Dazu müssen bestimmte Wörter (Konjunktionen, Relativpronomen) im Satz auftauchen. Das Fluchtspiel veranschaulicht die Positionsveränderung des Verbs.

Zu Beginn wird die Ausgangsposition (Hauptsatz – das Verb ist an zweiter Stelle) dargestellt:

Wir essen am Tisch.

Dann kommt Action in den Satz: Das Wort „wenn" taucht plötzlich auf und das Verb „ essen" hat Angst und flüchtet an das Satzende. Zum Schluss zeigt sich die beabsichtigte Nebensatzanordnung: „Wenn wir am Tisch essen, dann ..." (... sind wir leise, ... lassen wir es uns schmecken.)

Sinnvoll ist es, dazu eine spannende Geschichte zu erzählen und das Fluchtspiel an der Tafel farbig und schriftsprachlich zu veranschaulichen (Abb. 20).

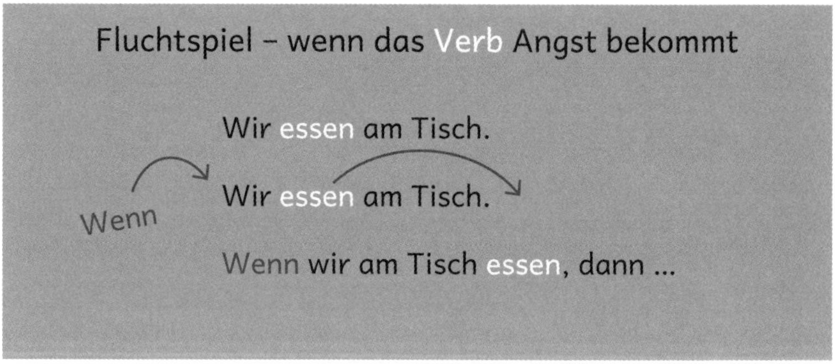

Abb. 20: Tafelbild zum Fluchtspiel

Variation: Um die Merkfähigkeit der Schüler zu unterstützen, sollte ein Plakat zum Fluchtspiel entwickelt werden. Dieses Plakat wird im Klassenraum gut sichtbar befestigt und dient bei Unsicherheiten in der Nebensatzbildung als visuelle Strukturierungshilfe.

Übung 137: Wer findet eine lustige Begründung?

Übungsablauf: Der Lehrer gibt den Kindern einen Satzanfang vor. Die Schüler wiederholen den Satzanfang und formulieren den Satz zu Ende. Es werden sprachliche Formen vorgegeben wie „Wenn ..., dann ...“ oder „..., weil ...“. An der Tafel steht:

Material: ist nicht notwendig

Wenn Peter grüne Haare hat, dann ...
...war sein Friseur ein Betrüger.
...kommt er vom Mars.
...pflanzt seine Mutter Karotten auf seinem Kopf.

In ähnlicher Weise wird die kausale Nebensatzbildung mit „weil“ eingeführt:

Peter hat Bauchweh, weil ...
...er krank ist.
...er zu viele Pflaumen gegessen hat.
...er zu viel Schokolade genascht hat.

Übung 138: Was möchtest du werden?

Übungsablauf: Bei dieser Übung sollen die Kinder ihren Berufswunsch nennen und diesen begründen. Das Tafelbild kann wie in Abb. 21 aussehen. Die Kinder nennen reihum ihren Berufswunsch. Die Lehrkraft korrigiert v. a. hinsichtlich des korrekten Satzbaus, weniger den Inhalt.

Material: Tafelbild

Was möchtest du gern werden?

Ich möchte gern ... werden, weil ...

Ich möchte gern Polizist werden, weil die Uniform so cool aussieht.

Ich möchte gern Lehrerin werden, weil man da so viele schöne Sprachspiele spielen kann.

Abb. 21: Beispiel eines Tafelbildes zum Üben der Nebensatzkonstruktion mit „weil“

Variation: Abhängig von den Unterrichtsthemen können auch andere Wünsche geäußert und begründet werden. So können die Schüler

BEISPIEL

- beim Thema „Tiere" sagen, welches Tier sie gern wären (und dies begründen).
- beim „Krippenspiel" oder einem Theaterstück wählen, welche Rolle sie gern spielen würden (und warum).
- mitteilen, welchen Klassendienst sie diese Woche gern übernehmen würden (und warum).

Weitere Übungen zum Nebensatzerwerb finden sich in:

Berg, M. (2007): Kontextoptimierte Förderung des Nebensatzerwerbs bei spracherwerbsgestörten Kindern. Shaker, Aachen

Motsch, H.-J. (2017): Kontextoptimierung. Evidenzbasierte Intervention bei grammatischen Störungen in Therapie und Unterricht. 4., völlig überarb. Aufl. Ernst Reinhardt, München

Wilhelm, E. (2005): Der Grammatik-Gourmet. Förderung des Grammatikerwerbs bei Kindern mit Sprachstörungen. Teil 1. PROLOG, Köln

Übung 139: Kein und ohne – wem fällt etwas ein?

Material: ist nicht notwendig

Übungsablauf: Die Lehrkraft gibt den Satzanfang „Es gibt kein … ohne …." vor. Die Sätze sollen mit „kein" und „ohne" bzw. passenden Wörtern ergänzt werden. Wenn die Schüler das Spielprinzip verstanden haben, wird nur noch ein Substantiv vorgegeben. Die Satzbildung übernehmen die Schüler dann selbstständig.

Es gibt kein Haus ohne …	(Dach, Fenster, Tür)
Es gibt keinen Schuh ohne …	(Sohle)
Es gibt keinen Regen ohne …	(Wolken, Wasser)
Es gibt keine Schule ohne …	(Schüler, Lehrer, Tafel, Kreide, Türen)

6 Praxishilfen zur Sprachverständnisförderung

6.1 Basisinformationen zu den Störungen des Sprachverständnisses

Viele Lehrkräfte kennen solche Situationen:

> Sofia (7;9 Jahre) und ihre Lehrerin stehen am Lehrertisch. Die Lehrerin fordert Sofia auf: „Kannst du mir die Arbeitshefte vom Ablageplatz holen und auf den Lehrertisch legen?“ Sofia geht zum Ablagetisch, nimmt die Hefte und verteilt sie an alle Schüler. Dann geht sie wieder zur Lehrerin und strahlt sie an: „So, erledigt!“.

Definition Sprachverständnisstörungen

Amorosa und Noterdaeme (2003) definieren Störungen des Sprachverständnisses als eine unabhängig von der nonverbalen Intelligenz des Betroffenen alleinig auf die Wörter und Grammatik bezogene Verständnisstörung.

DEFINITION

„Wir sprechen von einer **Störung des Sprachverständnisses**, wenn eine Person nicht in einer, seinem Alter und seiner Intelligenz angemessenen Weise, Sprache aus den Wörtern und grammatischen Bezügen verstehen kann, sondern in unangemessener Weise den situativen Kontext und sein Weltwissen zur Interpretation des Gesagten heranziehen muss“ (Amorosa/Noterdaeme 2003, 9).

Störungen der Aussprache, des Wortschatzes und der Grammatik stellen die expressive Seite, die Sprachverständnisstörung die rezeptive Seite einer Spracherwerbsstörung dar. Sie ist dabei mehr als lediglich ein rezeptives Defizit, sondern gilt als komplexe Sprachstörung, die primär zu behandeln ist (Kannengieser 2012).

Sekundärstörungen

Rezeptive Sprachstörungen wirken sich als Sekundärstörung auf die soziale Interaktion, sowie auf die schulische und berufliche Entwicklung der betroffenen Kinder aus (Hachul/Schönauer-Schneider 2012; Amorosa/Noterdaeme 2003). Häufig sind komorbide Störungen, wie Störungen der Feinmotorik und emotional-soziale Probleme, auffällig.

Prävalenz

Sprachverständnisstörungen sind bei mehr als der Hälfte aller Kinder mit spezifischen Sprachentwicklungsstörungen zu beobachten. Sie beeinflussen nicht allein die sprachliche, sondern die gesamte kognitive und emotionale Entwicklung des Kindes (Amorosa/Noterdaeme 2003; Kannengieser 2012). Jungen sind in einem Verhältnis von 2:1 stärker betroffen als Mädchen.

Symptomatik

Symptomatisch erfasst man bei Störungen des Sprachverständnisses Auffälligkeiten auf der Wort-, Satz- und Textebene (nach Baur/Endres 1999 zit. in Tack 2016; Amorosa/Noterdaeme 2003). So werden Wörter

- ungenau verstanden (kein Unterschied von „erraten“ und „verraten“)
- nur eingeschränkt erfasst („krabbeln“ kann nur ein Baby, aber kein Insekt)
- falsch verstanden
- bei morphologischer Veränderung nicht mehr erkannt (sitzt-saß-gesessen)
- bei ähnlichem Klang nicht unterschieden (Gelände-Geländer)

Auf der Satzebene (Reber/Schönauer-Schneider 2022)

- werden eingeschobene Informationen nicht verstanden („Packe das Heft, das unter dem Buch liegt, in die Tasche.“)
- beeinflussen Satzlänge und Satzkomplexität das Verständnis
- finden Verstehensstrategien, wie die Schlüsselwortstrategie oder die pragmatische Strategie, verzögert Anwendung (Kannengieser 2012).

Unter einem „Text“ werden Inhaltseinheiten verstanden, die aus mehr als einem Satz bestehen. Normalerweise werden mit den vorhandenen Informationen laufend Hypothesen über den Inhalt gebildet und durch neue Informationen bestätigt oder verändert.

Textverständnisstörung

Schwierigkeiten, die bereits auf der Wort- und Satzebene bestehen, erschweren ein Textverständnis grundsätzlich (Baur/Endres 1999). Somit haben Kinder mit Sprachverständnisstörungen häufig Schwierigkeiten, Handlungszusammenhänge in Texten zu erkennen. Zentrale Informationen werden nicht oder nur unvollständig erfasst. Informationsfragen sind leichter zu bewältigen als schlussfolgernde Fragen, die nicht wörtlich gegeben wurden. Warum-Fragen nach Handlungszusammenhängen sind für diese Kinder kaum zu beantworten (Reber/Schönauer-Schneider 2022).

6.2 Übungen zur Förderung des Sprachverständnisses

6.2.1 Übungen zur Herstellung der Aufmerksamkeit

LERNZIELE

- Förderung des genauen Zuhörens
- Erkennen visueller Zeichen zur Unterstützung des Sprachverständnisses

Um die Aufmerksamkeit der Kinder für Arbeitsanweisungen oder andere Unterrichtsinhalte zu sichern, sollten grundsätzlich folgende Maßnahmen beachtet werden (Amorosa/Noterdaeme 2003):

- Herstellen von Blickkontakt
- Ansprechen des Kindes mit Namen oder Erzeugen eines angenehmen Geräusches (leiser Gong) als vereinbartes Zeichen, bei dem alle Kinder Blickkontakt zum Lehrer herstellen (Störungsbewusstsein vermeiden)
- Wenn das Kind nicht reagiert, kurze Berührung am Arm und leichtes Streichen über die Schulter, bis es aufblickt.
- Kind immer auf kurzer Distanz ansprechen, also nicht quer durch den Raum zu sich rufen, sondern hingehen.

Folgende weitere Maßnahmen unterstützen die Aufmerksamkeit und damit das Sprachverständnis.

Übung 140: Regeln für „gutes Zuhören"

Material: Handpuppe, Vorlesegeschichte

Übungsablauf: Die Lehrkraft liest eine kurze Geschichte vor oder erzählt einen Witz. Mit Hilfe einer Handpuppe demonstriert die Lehrkraft dabei, was schlechtes Zuhören ist: wegschauen, dazwischenreden, aufstehen und gehen, nicht reagieren. Anschließend wird die Handpuppe zum Erzählten befragt, sie weiß jedoch keine einzige Antwort.

Die Schüler sollen nun Regeln für ein gutes Zuhören formulieren:

- den Erzählenden anschauen
- auf seine Äußerungen reagieren, z.B. zunicken
- nachfragen

Zu den einzelnen Regeln können auch Piktogramme entworfen und als Merkplakat im Klassenraum ausgehängt werden (Reber/Schönauer-Schneider 2022).

Übung 141: Piktogramme einsetzen

Material: Piktogramme

Übungsablauf: Um das Verständnis für bestimmte Routineabläufe im Unterricht zu sichern, lassen sich sehr gut Piktogramme einsetzen. Die Piktogramme enthalten Bilder, die Arbeitsanweisungen (malen, schreiben, rechnen usw.) oder auch Lerntechniken (abfragen, abschreiben, vergleichen) und Sozialformen (Einzel-, Gruppen- oder Partnerarbeit) gut erkennbar darstellen.

In den folgenden Veröffentlichungen findet man eine Vielzahl sehr kindgerechter Piktogramme:

Kirschner, J., Treu, S. (2005): Orientierung ohne Worte: Bildkarten für Stundenplan und Tagesablauf. Verlag an der Ruhr, Mühlheim an der Ruhr

Redaktionsteam Verlag an der Ruhr (2010): Das brauchst du! 232 Materialkarten zur Visualisierung. Verlag an der Ruhr, Mühlheim an der Ruhr

Redaktionsteam Verlag an der Ruhr (2013): Mein Klassenraum – perfekt organisiert: 160 Bildkarten, Regel- und Hinweisschilder Karten. Verlag an der Ruhr, Mühlheim an der Ruhr

Die Lehrkraft heftet das entsprechende Piktogramm an die Tafel und zeigt darauf. Ein Kind überträgt die Bedeutung des Piktogramms in die Sprache „Nun können wir leise lesen."

Günstig ist es, wenn der Lehrer die relevanten Piktogramme im Sinne eines Stundenablaufs an der Tafel vorbereitet hat.

Kindern mit besonderen Schwierigkeiten beim Sprachverständnis können auch einzelne Piktogramme auf den Platz gelegt werden. So kann der Unterrichtsablauf in der Klasse ungestört und ohne zusätzliche Erklärungen stattfinden.

Übung 142: Stille Post

Material: ist nicht notwendig

Übungsablauf: Die Lehrkraft kann die Aufmerksamkeit für Arbeitsanweisungen auch durch ein Spiel sichern. Dabei wird der Lernauftrag als prägnantes Wort in das Ohr des vorne sitzenden Schülers geflüstert, der es nun weiterflüstern soll. Am Ende muss das letzte Kind in der Runde die Anweisung laut aussprechen. Es ist mit Sicherheit sehr spannend, welches Wort das letzte Kind verstanden hat. Der Lehrer sollte deshalb im Anschluss die Aufgabe konkret wiederholen, damit keine Missverständnisse aufkommen. Die Aufmerksamkeit ist aber in jedem Fall gesichert. Dieses Spiel eignet sich insbesondere in unruhigen Klassen oder in unruhigen Unterrichtssituationen, z. B. nach dem Sportunterricht oder den langen Hofpausen.

In Klassen mit hoher Schülerzahl bietet es sich an, das Spiel nur auf die Schüler einer Bankreihe zu beschränken. Das nächste Mal ist die andere Bankreihe an der Reihe.

Übung 143: Aufmerksamkeitsuhr

Übungsablauf: Zusammen mit den Kindern wird eine Uhr gebastelt, die bestimmte Aufforderungen enthält. Dies könnte z. B. sein: „Arbeit beenden!", „Alle hören zu!" „Leise arbeiten!" Die Uhr wird gut sichtbar im Klassenzimmer aufgehängt. Sobald die Lehrkraft die Uhr eingestellt hat, braucht sie keine Kinder mehr um Aufmerksamkeit zu bitten, sondern kann nonverbal auf die Einstellung der Uhr zeigen.

Material: selbstgebastelte Uhr

Variation: Bekannt ist die sogenannte „Lautstärkeampel". Hierbei wird das Bild einer Ampel an die Wand geheftet. Die Ampelfarben haben die Bedeutung: grün – die Lautstärke im Klassenzimmer ist in Ordnung; gelb – es ist ziemlich laut im Klassenzimmer, bitte wieder leiser werden; rot – es ist zu laut, sofort leiser arbeiten. Ein Pfeil weist auf die jeweilige Ampelfarbe hin und reguliert nonverbal die Lautstärke im Klassenzimmer. Kinder mit Sprachverständnisproblemen können so über den visuellen Kanal die Anweisung schneller und nachhaltiger aufnehmen.

Übung 144: Geräusche mit Aufforderungen verbinden

Übungsablauf: Bei sehr unruhigen Klassen bzw. bei Klassen, in denen mehrere Kinder mit Sprachverständnisproblemen lernen, können auch Geräusche zum Einsatz kommen. Die Lehrkraft verabredet mit den Kindern Geräusche, die mit einer Bedeutung verbunden werden. So kann das Klingen der Klangschale (Klangstab) „Alle schauen nach vorne!", das leise Abspielen eines bestimmten Liedes „In drei Minuten mit dem Arbeiten fertig werden" oder das Klatschen in die Hände „Schnell alle Sachen einpacken" bedeuten.

Material: Klangschale, Triangel, CD-Player

6.2.2 Übungen zum richtigen Verständnis von Gestik und Mimik

LERNZIELE

- Unterstützung des Sprachverstehens durch ausdrucksstarke Gestik und Mimik
- Erlernen von konventioneller Gestik und Mimik

Um Gestik und Mimik als nonverbale Signale entschlüsseln zu können, muss den Kindern verdeutlicht werden, dass man auch über diese Form von Körpersprache Informationen entnehmen kann. Anhand der nachfolgend dargestellten Spiele kann dies mit Bezug zu unterrichtlichen Inhalten geübt werden.

Übung 145: Märchen-Pantomime

Material: Märchen-CD, CD-Player

Übungsablauf: Es wird ein bekanntes Märchen durch einen CD-Player o. ä. abgespielt. Nach jedem Abschnitt stellen die Schüler das Gehörte gestisch und mimisch dar. Wer zeigt die ausdrucksstärkste Pantomime?

Variation: Ein Kind zeigt einen bestimmten Abschnitt aus dem Märchen pantomimisch und die anderen Kinder erraten die Szene der Geschichte.

Mimik und Gestik können auch in anderen Unterrichtsfächern eingesetzt werden, um Inhalte zu verdeutlichen. So lassen sich Berufe oder Tätigkeiten, wie unterrichtliche Arbeitsanweisungen, pantomimisch darstellen.

Übung 146: Gefühlslotterie

Material: Kästchen, Gefühlsbilder

Übungsablauf: In einem Kästchen werden verschiedene Kärtchen mit unterschiedlichen Gefühlen wie Ärger, Freude, Spaß, Trauer usw. gesammelt. Das Kästchen wird anschließend herumgereicht und jeder Schüler zieht eine Karte. Anschließend wird das Gefühl ohne Worte, nur mit Körpersprache dargestellt. Die anderen Kinder erraten, welches Gefühl dies ist.

Um die Kinder mit Problemen besonders zu unterstützen, sollte die Lehrkraft die Gefühle den Kindern gezielt zuordnen. So lassen sich sehr ausdrucksstarke Gefühle wie Wut oder Liebe besser darstellen als z. B. Gekränktsein.

Übung 147: Pantomimen-Würfelspiel

Übungsablauf: In kleinen Gruppen kann ein Würfelspiel gestaltet werden. Hierzu wird für jede Gruppe ein handelsüblicher Würfel benötigt. An die Tafel werden nun verschiedene Begriffe geschrieben, die einen Bezug zum Unterrichtskontext haben können, aber nicht zwingend haben müssen: Bäcker, Sportler, Trauer, Liebe, groß, klein. Für die Schüler gut sichtbar wird die Bedeutung der Würfelbilder vermerkt: 1 und 2: Mimik, 3 und 4: Gestik und 5 und 6: Mimik und Gestik.

Nun können die Kinder in ihren Gruppen spielen. Sie vereinbaren, welches Wort als nächstes dargestellt werden soll und würfeln. Je nachdem, welche Zahl sie gewürfelt haben, stellen sie es entsprechend der Aufgabe dar. Kindern mit Sprachverständnisproblemen können Wörter vorgegeben werden, die sie besonders üben sollen. Sie werden beim „Erraten" der Darstellungen der anderen Kinder besonders häufig drangenommen und von der Lehrkraft unterstützt.

Material: Würfel, Tafel, Kreide

Übung 148: Spiegelspiel

Übungsablauf: Es werden Schülerpaare gebildet. An der Tafel oder auf den Plätzen befinden sich Kärtchen, auf denen vier verschiedene Gesichtsausdrücke für Gefühle dargestellt werden (Wut, Freude, Unzufriedenheit, Fröhlichkeit). Von diesen darf ein Kind sich eines auswählen und es darstellen. Der Spiegelpartner wiederholt die Mimik und benennt im Anschluss, das Gefühl. Die Kinder haben viel Freude an diesem Spiel.

Material: Gefühlskarten

Variation: Neben den Gefühlsgesichtern können auch Bewegungen dargestellt und nachgeahmt werden.

Anwendungsprobleme und -voraussetzungen: Der Einsatz von Gebärden und gestischen Zeichen unterstutzt das Sprachverständnis enorm. Die Lehrkraft sollte daher mit deutlichen Gesten auf bestimmte Objekte zeigen, wenn sie Arbeitsanweisungen erteilt. So können bei „Nehmt die Hefte aus den Ablagefächern." auf die Fächer gedeutet und die Bewegung für das Herausziehen gemacht werden.

6.2.3 Übungen zum Verstehen von Funktionswörtern

LERNZIELE

- Kennenlernen der Bedeutung von Funktionswörtern

DEFINITION

Funktionswörter sind unter anderem Präpositionen, Konjunktionen und Pronomen. Sie verbinden Inhaltswörter miteinander und strukturieren sie zu einem sinnvollen Satz. Die Visualisierung dieser Wörter unterstützt bei Kindern mit Sprachverständnisproblemen die Erfassung der Satzbedeutung.

Bevor im Grammatikunterricht die Themen des korrekten Satzbaus und der Satzglieder behandelt werden, sollten die nachfolgend beschriebenen Übungen so lange eingesetzt werden, bis alle Kinder die Bedeutung von Inhaltswörtern erfasst haben.

Übung 149: Bewegungspause mit Präpositionen

Material: ist nicht notwendig

Übungsablauf: Die Lehrkraft fordert die Schüler in schnellem Wechsel auf, sich hinter den Stuhl, vor den Tisch, unter den Tisch, links neben die Bank, auf den Stuhl usw. zu stellen bzw. zu legen. Die motorische Komponente fördert die Merkfähigkeit und das Verständnis für die Präpositionen und bereitet den Kindern sehr viel Freude.

Variation: Der Schwierigkeitsgrad lässt sich steigern, indem man das Gegenteil abruft, z. B. „Stelle dich auf den Stuhl.". Die Schüler müssten dann die Bewegung „unter den Stuhl" machen.

Übung 150: Wäscheklammerspiel

Material: Wäscheklammern, Stofftiere

Übungsablauf: Für die Übung sollen die Kinder ein Stofftier von zuhause mitbringen. Nun gibt die Lehrkraft Anweisungen, wo die Klammern am Stofftier zu befestigen sind, z. B. „auf den Kopf", „unter die linke Vorderpfote", „neben die Nase". Die Schüler setzen nun die Wäscheklammer an die genannten Stellen.

Variationen: Stufe 2: Dieses Spiel kann auch in Kleingruppen oder als Partnerarbeit gespielt werden. Dann erteilt ein Schüler die entsprechenden Anweisungen oder es werden Präpositionen aus einem Karteikästchen gezogen und vorgelesen.

Lustig ist es, wenn die Kinder die Klammern an sich selbst befestigen. Dazu dürfen dann aber keine Körperteile, sondern nur die Kleidungstücke verwendet werden und die „beklammerten" Kinder müssen mit ihrer Rolle als „Stofftier" einverstanden sein.

Stufe 1: Zum Ende des Spiels sollten Kinder mit Problemen beim Abruf von Präpositionen die Lage der Klammern gemeinsam mit der Lehrkraft beschreiben. „Mein Teddy hat eine Klammer am Bauch und eine neben dem Ohr".

Übung 151: Tiersuche

Material: essbare Gummitiere, Zahnstocher, Karton

Übungsablauf: Die Gummitiere liegen auf dem Lehrertisch verteilt, **im, unter, am, auf, neben, hinter** und **vor** dem Karton.

Die Kinder schreiben auf Klebezettel einige Präpositionen und kleben sie als kleine Schilder an jeweils einen Zahnstocher.

Die Lehrkraft fordert nun nacheinander die Kinder auf, einen Zahnstocher mit den entsprechenden Präpositionen in ein Gummitier zu stecken, das dort liegt, wo die Präposition es vorgibt (neben, unter, hinter, in usw. dem Karton). Im Anschluss können die Gummitiere an die Schüler verteilt werden.

Variation: Das Spiel kann auch ohne Zahnstocher gespielt werden. Dann werden die Schüler aufgefordert, sich ein Gummitier zu holen, welches im (auf dem, vor dem, hinter dem usw.) Karton liegt. Dieses kann dann gleich gegessen werden. Um das Spiel etwas gesünder zu gestalten, können auch Apfelspalten oder Kirschen, Erdbeeren und andere Obstsorten verwendet werden.

Anwendungsprobleme und -voraussetzungen: Bei der Verwendung von Lebensmitteln ist immer auf Allergien oder Unverträglichkeiten bei den Schülern zu achten.

6.2.4 Übungen zum Verstehen von Arbeitsanweisungen

LERNZIELE

- Arbeitsanweisungen richtig und vollständig verstehen
- Nachfragestrategien erwerben

Zum besseren Verständnis für alle Schüler und besonders von Kindern mit Sprachverständnisproblemen ist es wichtig, kurze, prägnante und reihenfolgerichtige Anweisungen zu erteilen. Die Kinder müssen den zentralen Inhalt der Aussage erfassen. So ist die Aussage „Bitte räum auf!" einfacher zu verstehen als „Es ist jetzt gleich Stundenende und damit Zeit, den Arbeitsplatz aufzuräumen."

Übung 152: Unterscheiden von Wissen und Nichtwissen (Reber/Schönauer-Schneider 2022)

Material: kurze Geschichte, Kärtchen mit Geschichtenende

Übungsablauf: Den Kindern wird eine kurze Geschichte vorgelesen, das Ende jedoch offen gelassen. Nur einem Kind wird das Ende der Geschichte gezeigt, indem ihm z.B. der letzte Satz der Geschichte zum Lesen gegeben wird. Dieses Kind darf zunächst nicht verraten, wie die Geschichte ausgeht. Die anderen Kinder werden nun gefragt, ob sie wissen, wie die Geschichte endet. Im Unterrichtsgespräch wird deutlich, dass sie dies nicht sicher wissen, sondern nur raten, wie es ausgehen könnte. So wird den Schülern der Unterschied zwischen **wissen** und **raten** (**= nicht wissen**) verdeutlicht. Raten kann zu falschen Handlungen und unangenehmen Konsequenzen führen.

BEISPIEL

Wer hat die Brotdose geklaut?
Endlich ist Frühstückspause. Timmi muss schnell etwas essen, denn ihm knurrt schon seit einer Stunde der Magen. Er greift in seinen Ranzen und tastet nach seinem leckeren Frühstück. Mama hat ihm heute Morgen ein Wurstbrot, Minibananen und Möhrenstücke eingepackt. Einen Joghurt hat sie auch noch dazugelegt. Nanu? Timmi hält nur seine Trinkflasche in der Hand! Wo ist nur seine Brotdose geblieben? Erschrocken und enttäuscht ruft er laut: „Wer hat meine Brotdose geklaut?"
Weißt du, wie die Geschichte ausgeht?

Auflösung der Geschichte
Timmis Mutti hat die Brotdose in ein anderes Fach der Schultasche gepackt, damit der Joghurt und die Minibananen nicht zerdrückt werden.

Übung 153: Strategien zum Nachfragen

Material: ist nicht notwendig

Übungsablauf: Um in Situationen, in denen man etwas nicht verstanden hat, nachfragen zu können, bedarf es bestimmter Nachfragestrategien. Diese sollten mit den Kindern konsequent geübt werden:

„Ich habe nicht verstanden, …“
„Können Sie bitte erklären, wieso …“

Übung 154: Fragekultur schaffen (Reber / Schönauer-Schneider 2022)

Übungsablauf: Viele Kinder mit Sprachverständnisproblemen bemerken nicht, wenn sie eine Anweisung oder einen Geschichteninhalt nicht verstehen. Dieses Phänomen zeigt sich auch bei Kindern mit Einschränkungen im Wortschatzerwerb (Kap. 3). Die Kinder sollen ausdrücklich dazu angehalten werden, Fragen zu stellen. Dies wird anschließend spezifisch gelobt: „Das ist eine sehr gute Frage.“, „Du hast prima mitgedacht.“

Material: ist nicht notwendig

Übung 155: Anweisungsplakat

Übungsablauf: Gemeinsam mit der Klasse erstellt die Lehrkraft ein Plakat mit Anweisungen, die im Unterricht häufig gestellt werden. Hierzu werden Schriftbilder mit Piktogrammen verbunden. Die Piktogramme sind äußerst wichtig und sollten nicht weggelassen werden. Das Plakat wird gut sichtbar im Klassenraum befestigt. Die wichtigsten Arbeitsanweisungen können je nach Unterrichtsmethodik der Lehrkraft variieren. Begleitend zu ihren Anweisungen oder ohne zusätzliche Verbalisierung zeigt die Lehrkraft während des Unterrichts auf die entsprechende Anweisung.

Material: Piktogramme, Blätter in DIN A3, Farbstifte

Lies leise.
Arbeite im Wochenplan.
Schreib im Heft.
Nimm das Buch.

Übung 156: Handlungsbegleitendes Sprechen „Wir legen unsere Arbeitsmaterialien bereit“

Übungsablauf: In Kapitel 1 wird die Fördermethodik „Handlungsbegleitendes Sprechen“ beschrieben (Reber / Schönauer-Schneider 2022). Am nachfolgenden Beispiel wird dieses Vorgehen konkreter zum Erwerb von innerer Sprache beim Verstehen und Umsetzen von Arbeitsanweisungen verdeutlicht. Diese Übung kann mit der ganzen Klasse durchgeführt werden. Kinder mit Sprachschwierigkeiten müssen dabei durch Blickkontakt und direkte Ansprache besonders beachtet werden.

Material: ist nicht notwendig

- **Modellhaftes Versprachlichen:** Die Lehrkraft holt aus der Schultasche die notwendigen Materialien heraus: „Ich nehme das blaue Heft und das Mathebuch aus der Schultasche. Das Buch lege ich oben an die Kante meiner Bank. Das blaue Heft lege ich auf das Lesebuch. Nun nehme ich noch meine Stifte heraus und lege sie neben das Heft. Die Schultasche stelle ich neben die Bank. Fertig – alle wichtigen Materialien liegen auf dem Tisch."
- **Modellhaftes Versprachlichen mit Handlung:** Die Lehrkraft verbalisiert, wie unter „modellhaftes Versprachlichen" erläutert, und die Schüler machen das, was die Lehrkraft gerade ansagt. Kinder mit Sprachverständnisproblemen werden ggf. durch Gestik, Mimik oder die Wiederholung zentraler Wörter unterstützt.
- **Maskiertes Versprachlichen:** Die Lehrkraft spricht deutlich mit und die Schüler packen die Arbeitsmaterialien aus. Kinder mit Sprachverständnisproblemen sprechen bereits mit. Weitere Kinder können zur Unterstützung leise mitflüstern.
- **Selbstständiges Versprachlichen:** Ein Kind mit Sprachverständnisproblemen packt die Arbeitsmaterialien auf den Tisch und spricht dazu laut mit. Die Lehrkraft hilft ggf. durch Mitsprechen.
- **Flüsterndes Versprachlichen:** Der Schüler führt das Auspacken der Materialien selbstständig durch, spricht dazu leise flüsternd als Selbstinstruktion.
- **Inneres Versprachlichen:** Der Schüler führt die Aufgabe nun selbstständig durch und denkt den sprachlichen Ablauf nur noch.

Weitere Arbeitsanweisungen werden mit einer vergleichbaren sprachlichen Strukturierung erarbeitet. Es lohnt sich, sich für das Erlernen wichtiger Arbeitsanweisungen und -abläufe Zeit zu nehmen. Je eher und je sicherer die Kinder (mit Sprachverständnisproblemen) diese Kompetenzen erwerben, desto flüssiger und störungsärmer gestaltet sich jeder Unterricht.

Übung 157: Rauli, die Raupe, sagt ….

Material: Raupe als Stofftier oder Handpuppe

Übungsablauf: Zur Förderung der Anwendung von prägnanten Arbeitsanweisungen erfindet der Lehrer eine Figur, die sich nur kurz und klar ausdrücken kann, z. B. Rauli, die Raupe. Jedes Kind muss nun eine Aufgabe im Namen von Rauli, der Raupe, an die Klasse richten.

Rauli, die Raupe, sagt: Steigt auf den Stuhl!
Rauli, die Raupe, sagt: Legt das Buch und die Federtasche unter den Tisch!
Rauli, die Raupe, sagt: Schließt eure Augen!

Für Kinder mit Problemen in der kurzen Satzbildung, kann die Lehrkraft auch einige Anweisungen an der Tafel vorgeben. Dies unterstützt den korrekten Abruf und übt gezielt die von der Lehrkraft beabsichtigten Arbeitsanweisungen.

Übung 158: Obstsalat

Übungsablauf: Die Kinder setzten sich in einen Stuhlkreis. Die Lehrkraft ordnet jedem Schüler eine Obstsorte zu. Die Obstsorten sollten sich möglichst wiederholen. Nun werden Anweisungen an die verschiedenen Obstsorten verteilt.

Material: ist nicht notwendig

Die Bananen laufen um den Stuhlkreis.
Die Erdbeeren springen hoch.
Die Orangen und die Kirschen winken mit einer Hand.

Variation: Es können auch Wortfelder verwendet werden, die dem aktuellen Unterrichtsthema oder dem Thema der Wortschatzförderung entnommen sind (Tiere: Haus- und Waldtiere, Werkzeuge: Hammer, Feile, Bohrmaschine; Kleidungsstücke: Hose, T-Shirt, Socke).

Übung 159: Weißt du das?

Übungsablauf: Die Lehrkraft schreibt an die Tafel einen Satz und stellt dazu Fragen. Die Kinder lesen diesen Satz und überlegen sich die Antworten auf die Fragen. Diese Übung kann sowohl als Tafelanschrieb als auch auf einem Arbeitsblatt erfolgen.

Material: Tafel, Kreide

Ein Arbeitsblatt dazu befindet sich auch im Online-Zusatzmaterial.

Tina kauft Bananen, Äpfel, Ananas und Milch.
Wer kauft ein?
Wie viele Dinge kauft Tina?
Wie viel Obstsorten kauft Tina?
Wie viele Getränke kauft Tina?

Übung 160: Lehr- und Bilderbücher und Wimmelbilder

Material: Overhead-Projektor, Bild auf Folie

Übungsablauf: Die Lehrkraft kopiert ein für den Unterricht thematisch bedeutsames Bild auf eine Folie. Die Schüler setzen sich so hin, dass alle einen freien Blick auf die Präsentation haben. Die Lehrkraft stellt nun Fragen zum Bild: Wer findet den Roller? Welches Fahrzeug hat noch zwei Räder? Wie viele Menschen sind auf dem Bild? Zeige auf die Dinge, die man essen kann!

6.2.5 Übungen zur Förderung des Verständnisses für Geschichten und Lieder

LERNZIELE

- Erlernen, dass das genaue Verstehen von Sprache wichtig ist und Freude bringt

Übung 161: Lieder/Geschichtenlieder/Rätsellieder

Material: CD-Player, CDs, Liedbeispiele

Übungsablauf: Lieder eignen sich sehr gut für die Verbesserung des Sprachverständnisses. Eine Reihe von zwölf bunten „Liedergeschichten“ mit Bilderbüchern wurde z. B. von Rolf Zuckowski veröffentlicht. Dazu gehört auch das Lied „Stups, der kleine Osterhase“. Reinhard Lakomy hat ebenfalls viele liebenswerte Geschichtenlieder, zum Beispiel „Der Regentropfen Paule Platsch“ oder „Der Traumzauberbaum“ veröffentlicht. Viele Kinder aller Klassenstufen der Grundschule lieben das Lied „Jule wäscht sich nie“ von Gerhard Schöne. Es bietet sich an, zur Visualisierung Bilder einzusetzen.

Den Kindern werden diese Lieder vorgespielt und die Bilder dazu gezeigt. Über den Text wird dann gesprochen. Das Verständnis des Inhalts wird gründlich von der Lehrerin hinterfragt. Nun werden diese Lieder gesungen und nachgespielt. Weitere Lieder, in denen nachspielbare Geschichten erzählt werden, sind in jedem Musikbuch zu finden.

Zuckowski, R. (2008): Rolfs Liederkalender/Die Jahresuhr. Universal Music Family Entertainment: Universal Music GmbH

Lakomy, R. (2004): Der Traumzauberbaum und Geschichtenlieder (der Regentropfen Paule Platsch). Sony Music, Europa

Übung 162: Ich male heute einen Baum

Material:
Stifte, Papier, CD-Player, CD mit Lied

Übungsablauf: Den Kindern wird das Lied „Ich male heute einen Baum" (Text: Lore Kleikamp; Musik: Detlev Jöcker) vorgespielt. Danach wird darüber gesprochen, welche Personen, Tiere und Pflanzen in dem Lied vorkommen. Nun kann das Lied Strophe für Strophe gemalt werden. Die Lehrkraft achtet darauf, dass auch tatsächlich alles so gemalt wird, wie es im Lied gesungen wird (Baum: groß, dick und grün, Blätter, Nest, Leiter mit Person; Kirschen: dunkelrot; Himmel: Sonne, Vogel).

Die Übung kann im Musikunterricht oder auch in der Zeichenstunde eingesetzt werden, sie eignet sich zudem hervorragend als Stilleübung zum Unterrichtseinstieg.

Übung 163: Hörspielgeschichten

Material:
CD-Player, CDs mit Geschichten

Übungsablauf: Es ist erstaunlich, wie gering das Inhaltsverständnis der Kinder mit Sprachförderbedarf oftmals ist, wenn ihnen Hörspielgeschichten vorgespielt werden. Erst beim Nachfragen kann die Lehrkraft dies entdecken. Es sollten Hörspiele mit klarer Sprache und wenig Hintergrundgeräuschen ausgewählt werden, z. B. Geschichten von Bibi Blocksberg, Benjamin Blümchen und Pumuckl. Die Hörspiele werden abschnittweise vorgespielt. In den Spielpausen, die vom Lehrer gezielt einplant sind, werden die Inhalte hinterfragt und Abschnitte der Geschichte nachgespielt. Es können den Schülern auch vor dem Hören der Abschnitte Höraufgaben übertragen werden. Differenzierung ist möglich in der Anzahl der Höraufgaben oder, wenn verschiedene Schüler unterschiedliche Höraufgaben erhalten.

Übung 164: Vorlesegeschichten

Material:
Vorlesegeschichten

Übungsablauf: In der Grundschulzeit sollte sich die Lehrkraft in allen Klassenstufen Zeit zum Vorlesen nehmen. Das Zuhören und die Verarbeitung der Inhalte fallen vielen Kindern schwer. Die Lehrerin bereitet sich vor, indem gezielt Fragen zu den Geschichten formuliert werden, die die Kinder beantworten sollen.

Variation: Zu den Geschichten werden Quizspiele vorbereitet, bei denen die Schüler aus drei Antwortmöglichkeiten auswählen können.

Übung 165: Fehlersuche in Geschichten

Material: Geschichten mit eingebauten Fehlern

Übungsablauf: Eine bekannte Geschichte wird vorgelesen. Es werden gezielt Fehler eingebaut, die den Schülern auffallen sollen. Wer findet die meisten Fehler?

Übung 166: Kann das sein? Ja oder nein? Korrigiere fein!

Material: ist nicht notwendig

Übungsablauf: Der Lehrer liest den Schülern Sätze vor. Diese hören zu, sagen, ob der Satz korrekt ist und berichtigen.

Auf der Schulbank wachsen Pilze. – Im Wald wachsen Pilze.
Eine Schule hat keine Fenster. – Eine Schule hat viele Fenster.
Auf der Straße fahren Handys. – Auf der Straße fahren Autos.
Beim Lesen hat Tina sich verlaufen. – Beim Spielen hat Tina sich verlaufen.
Die Kinder werfen sich die Felsen zu. – Die Kinder werfen sich die Bälle zu.

Variationen:

Der Briefträger hat Handwerkszeug in seiner Tasche. – Briefe
Der Schiedsrichter hat eine Trompete um. – Pfeife
Der Lehrer hat eine Schürze in der Hand. – Kreide
Der Bäcker bäckt Würstchen. – Brötchen
Der Fleischer hat Brötchen im Geschäft. – Würstchen

Stufe 2: Den Kindern werden Ausschnitte aus Märchen vorgelesen. Hin und wieder schleicht sich ein Satz aus einem anderen Märchen dazwischen. Wer bemerkt es? Welches Märchen hat sich hereingeschlichen?

BEISPIEL

Ein Mädchen mit einem roten Käppchen und einem Korb mit Kuchen und Wein kam zum Haus der Großmutter (Rotkäppchen). Um das Haus war eine meterhohe Dornenhecke gewachsen (Dornröschen). Rotkäppchen ging näher an das Haus heran. Die Großmutter ließ ihr Haar herunter, damit Rotkäppchen heraufklettern konnte (Rapunzel). In dem Bauch des Wolfes waren lauter Wackersteine (Der Wolf und die sieben Geißlein).

Übung 167: Welche Wörter passen in die Sätze?

Übungsablauf: Der Tafelschwamm hat Wörter vernascht. Die Kinder sollen sie wieder einsetzen. Es gibt mehrere Möglichkeiten.

Material: Tafel, Kreide, Tafelschwamm

Das ... fuhr nicht. (Fenster, Auto, Messer, Bus)
Der ... fuhr nicht. (Moped, Spiegel, Bus, Teller)
Die ... fuhr nicht. (Spieluhr, Bahn, Auto, LKW)

Die Schüler werden aufgefordert die Sätze sinnvoll zu ergänzen. Bei welchen Wörtern können keine sinnvollen Sätze gebildet werden?

D.. ... war leer.	(Bahn, Bus, Glas, Pilz)
D.. ... war leer.	(Teller, Becher, Ampel, Batterie)
D.. ... war leer.	(Tisch, Schrank, Heft, Puppe)
D.. ... ging nicht zu.	(Tasche, Truhe, Trommel, Treppe)
D.. ... ging nicht zu.	(Reißverschluss, Ball, Lampe, Fenster)
D.. ... ging nicht zu.	(Tür, Pforte, Federtasche, Apfel)

BEISPIEL

Übung 168: Lügengeschichten erfinden

Übungsablauf: Die Lehrkraft erklärt den Schülern: „Wir wissen alle, dass Lügen etwas Schlechtes ist. Das tut man nicht. Wenn es aber so ist, dass es jeder weiß, kann es auch lustig sein. Ihr dürft heute einmal aus Spaß schwindeln."

Material: ist nicht notwendig

Als ich heute Morgen über die Straße ging, hupte ein Auto. Ich bekam so einen Schreck, dass ich gleich auf den Kirchturm sprang.

Nun dürfen die Kinder offensichtliche Schwindel-Sätze erfinden.

Übung 169: Zwei Bedeutungen oder mehr

Material: ist nicht notwendig

Übungsablauf: Bei der nächsten Übung wird den Kindern verdeutlicht, dass ein Wort auch mehrere Bedeutungen haben kann.

BEISPIEL

Absatz – Schuh, Treppenabsatz, Verkauf, Abschnitt
Artikel – Wortart, Ware
Aufnahme –Foto, Begrüßung
Bank – Sitzgelegenheit, Geldinstitut
Futter – Tiernahrung, Stoff
Mandel – Organ im Hals, Nuss
Schale – Schüssel, Außenhaut bei Obst
Schuppen – Abstellhaus für Gartengeräte, Fischschuppen
Bremse – Teil eines Fahrzeugs, Insekt
Bruch – beim Rechnen, Knochenbruch

6.2.6 Übungen zur Erarbeitung von Lösungsalgorithmen

LERNZIELE

- Vermittlung von Lösungsalgorithmen für komplexe Aufgabenstellungen
- Förderung der Selbstständigkeit beim Erfassen von Aufgaben

Lese- und Fachtexte, Sachaufgaben und schriftliche Arbeitsanweisungen sind im Unterricht von großer Bedeutung, da sie neben der verbalen Sprache das zentrale Medium zur Wissensvermittlung sind. Kinder benötigen ein ausreichendes Sprachverständnis, um schriftliche Aufgaben verstehen und Lösungswege finden zu können. Deshalb ist es wichtig, ihnen Lösungsalgorithmen zu vermitteln. Es wird mit einfachen, alltagsnahen Übungen begonnen und der Schwierigkeitsgrad entsprechend des individuellen Lernverlaufes gesteigert.

Übung 170: Was ist wichtig?

Material: Tafel, Kreide

Übungsablauf: Es wird ein einfacher Text, bestehend aus drei bis vier kurzen Sätzen, an die Tafel geschrieben. Die Kinder sollen sich diesen durchlesen. Nun werden Fragen gestellt, um die Erfassung des Textinhaltes zu strukturieren:

Die Indianer
Vor 400 Jahren bewohnten Indianer fast ganz Nordamerika. Dann kamen die Europäer und vertrieben sie. Doch bis heute blieben indianische Traditionen erhalten. Auf Festen wird der Kopfschmuck aus Federn getragen und es wird gemeinsam getanzt.

Überschrift

- Wie lautet die Überschrift des Textes? Unterstreiche sie!
- Um was wird es im Text gehen, wenn die Überschrift „Die Indianer" lautet?

Textinhalt – Was weißt du schon?

- Welche Wörter sind die wichtigsten in jedem Satz? (Die wichtigsten Wörter werden farbig markiert.)
- Stelle dir den Satz als kleinen Film oder als Bild vor.
- Male ein Bild zu jedem Satz.

Textinhalt – Was musst du noch herausfinden?

- Welche Wörter kennst du nicht?
- Kennzeichne die unbekannten Wörter mit einer anderen Farbe.
- Frage nach dem Inhalt der Wörter.

Kannst du die Geschichte erzählen?

- Gib den Inhalt der Geschichte mit Hilfe der wichtigen Wörter wieder.
- Gib den Inhalt mit eigenen Worten wieder.
- Hast du alles richtig verstanden?

Übung 171: Sachaufgaben strukturiert erarbeiten – die Arbeit mit Handlungsplänen

Material: laminierter Handlungsplan für jedes Kind, Folienstift

Übungsablauf: In ähnlicher Weise geht man bei der Erarbeitung von Sachaufgaben vor. Schüler mit Sprachverständnisproblemen neigen dazu, Probier- und Ratestrategien beim Lösen von Sachaufgaben einzusetzen, da sie die Erfahrung gemacht haben, über das Lesen nicht an die korrekte Lösungsstrategie zu kommen (Amorosa/Noterdaeme 2003). Daher muss den Kindern ein Leitfaden zur Erarbeitung der Inhalte vermittelt werden. Dazu sollten Piktogramme und kurze prägnante Sätze verwendet werden, um das Verständnis für die Aufgabeninhalte und die Merkfähigkeit für die korrekte Arbeitsabfolge zu erleichtern (Abb. 22).

Ein Handlungsplan steht als Vorlage beim Online-Zusatzmaterial bereit. Auf diesem haken die Kinder den jeweiligen Lösungsschritt ab.

So löse ich Sachaufgaben richtig:	✓
1. Ich **lese** die Aufgabe.	
2. Ich **male** eine Skizze zur Aufgabe.	
3. Ich **unterstreiche** die **Frage** grün.	
4. Ich **unterstreiche** alle **wichtigen Wörter und Zahlen** orange.	
5. Ich **schreibe** die **Gleichung.**	
6. Ich **rechne** und schreibe das Ergebnis auf.	
7. Ich lese die Frage und **schreibe** die **Antwort** im Satz.	

Abb. 22: Beispiel für einen Erarbeitungsablauf zum Lösen von Sachaufgaben

Variation: Um den Kindern das Verständnis zu erleichtern, sollte die Lehrkraft die Aufgabe als zeichnerische Vereinfachung zur Verfügung stellen. Weiterhin müssen Aufgaben auf schwierige Wörter geprüft werden. Diese Wörter werden durch einfachere ersetzt.

Anwendungsprobleme und -voraussetzungen: Es bedarf einer sehr reflektierten Lehrersprache, um Arbeitsanweisungen in komplexeren Aufgaben möglichst einfach zu formulieren. Gerade in höheren Klassenstufen wird die Vereinfachung von Text- und Sachaufgaben zu einer Aufgabe, die beständig für Kinder mit Sprachverständnisproblemen erfolgen muss, da die Aufgabenstellungen in den gängigen Lehrwerken selten die Schwierigkeiten von Kindern mit Sprachverständnisproblemen berücksichtigen.

7 Praxishilfen zur Kommunikationsförderung

Lehrkraft: „Bist du mit dem Auto gefahren?"
Kind: „Mein Opa hat auch ein Auto."
Lehrkraft: „Bist du denn mit Opas Auto gefahren?"
Kind: „Wir waren ganz schnell."

7.1 Basisinformationen zu den Störungen der Pragmatik

DEFINITION

Störungen des Kommunikations- und Dialogverhaltens (kommunikativ-pragmatische Störungen) liegen vor, wenn das Erzählen von erlebten Situationen oder die Beschreibung von z.B. Bildergeschichten für den Hörer nicht verständlich sind und das Kind auf Fragen unkonkrete Antworten gibt.

Das Umfeld (Eltern, Geschwister, Freunde) kann nicht ohne weitere Nachfragen nachvollziehen, was das Kind mitteilen möchte. Die Auffälligkeiten umfassen sowohl die sprachliche als auch die mimisch-gestische Kommunikation (Kannengieser 2012).

Entwicklung der Pragmatik

Im Vorschulalter sind Kinder bereits in der Lage, die Perspektive des Gesprächspartners einzunehmen; es können verschiedene Strategien zur Gesprächseröffnung und -aufrechterhaltung eingesetzt werden, die Gespräche werden durch häufigere Sprecherwechsel länger, und eigene Äußerungen sind auf die Inhalte des Gegenübers bezogen.

Grundschulkinder setzen zunehmend metakommunikative und metasprachliche Fähigkeiten ein, was sich auch in der Übernahme unterschiedlicher Rollen und im differenzierten Einsatz prosodischer Merkmale (reden, beschweren, flüstern) zeigt. Es entwickelt sich die empathische Gesprächsführung, die es erlaubt, eine Thematik aus der Rolle des Gegenübers zu betrachten und damit in eigenen Äußerungen dessen Einstellung zu übernehmen. Nun kann erfolgreich mit unbekannten Personen kommuniziert werden, weil es gelingt, das eigene Anliegen präzise, mit Rücksicht auf das Vorwissen des Gesprächspartners, zu formulieren (Kannengieser 2012, 270 ff.). Es wird deutlich, dass sprachlich normal entwickelte Kinder in der Mitte des Grundschulalters bereits ein recht hohes Niveau in den kommunikativen Kompetenzen erworben haben und die alltäglichen Anforderungen mühelos bewältigen können.

Gestörter Pragmatikerwerb Es gibt jedoch Kinder, denen der Erwerb kommunikativer Leistungen sehr viel schwerer fällt als anderen. Eine erhöhte Auftretenswahrscheinlichkeit dieser Problematik liegt bei Kindern mit Spracherwerbsstörungen vor, die mit sozial-emotionalen Folgestörungen verbunden sind, z. B. bei stotternden Kindern, Kindern mit erheblichen Wortfindungs- und Wortabrufstörungen und mit einem eingeschränkten Sprachverständnis (Kannengieser 2012; Mahlau 2015).

Sekundärstörung Störungen der pragmatisch-kommunikativen Fähigkeiten lassen sich in der Regel außerhalb psychisch-emotionaler Störungen, wie Mutismus, nicht als Primärstörung feststellen, sondern treten sehr viel häufiger als Sekundärstörung weiterer Entwicklungsauffälligkeiten auf. So kommen pragmatisch-kommunikative Störungen im Kindesalter bei Aufmerksamkeits-Defizit-Syndrom, nach Schädel-Hirn-Trauma, bei Autismusspektrumsstörung, bei gravierenden sozial-emotionalen Entwicklungsstörungen (Angst, Aggressivität), bei kognitiven Einschränkungen, bei Hörbeeinträchtigungen und als Teilsymptomatik einer Spracherwerbsstörung vor.

Symptomatik Betrachtet man die einzelnen Symptome, die mit einer geringen pragmatisch-kommunikativen Kompetenz einhergehen, lassen sich rein sprachlich-kommunikative und Verhaltenssymptome unterscheiden.

Zu den Merkmalen auf der Verhaltensebene zählen ein fehlender Blickkontakt, Rückzug aus der Kommunikation, Ängstlichkeit und ein fehlendes Interesse an kommunikativen Situationen.

Spezifische sprachliche Symptome lassen sich aus den fehlenden Kompetenzen für das Führen von Gesprächen ableiten. So zeigen betroffene Kinder im Grundschulalter eine Vielzahl an Auffälligkeiten, wie z. B.

- Störungen bei der Verarbeitung nonverbaler Signale (Gestik, Mimik, Prosodie)
- extrem hohe Redeanteile und distanzloses Anreden
- ständiges Unterbrechen des Gesprächspartners

- ein eingeschränktes Eingehen auf das Gesprächsinteresse des Redepartners
- stereotype oder redundante Äußerungen
- Störungen in der Gewichtung von bedeutsamen und unbedeutenden Informationen (Kannengieser 2012)

Eine Vielzahl der in den vorherigen Kapiteln aufgeführten Spiele und Übungen tragen zu einer Verbesserung der Pragmatik bei, v.a. wenn sie als Partner- oder Gruppenspiel umgesetzt werden. Daher sollen an dieser Stelle nur Hinweise gegeben werden, wie pragmatische Fähigkeiten gefördert werden können.

7.2 Hinweise zur Pragmatikförderung

LERNZIELE

- Sprache und Sprechen als freudvolle Möglichkeit erleben, um mit anderen in Kontakt zu treten
- Lernen, Wünsche, Gedanken, Gefühle, Meinungen auszudrücken

Wie kann der Lehrer „Kommunikation" unterstützen und im Unterricht Möglichkeiten zum Kommunizieren schaffen?

- Partner- und Gruppenarbeit
- kommunikationsfördernder Sitzplan (Blickkontakt)
- Helferkinder, die anderen bei ausgewählten Aufgaben Unterstützung geben
- Kontrolleure, die einzelne Aufgaben kontrollieren sollen
- Theaterspiele (Übungsphasen, in denen die Kinder ihre Rollen selbstständig üben)
- Spiele im Unterricht und in den Pausen
- Projekte mit Planungs- und Abstimmungsphasen
- Klassenrat-Stunden, um über Probleme in der Klasse zu reden, Stellung zu beziehen, Meinungen zu vertreten
- gemeinsame Unternehmungen

Anwendungsprobleme und Voraussetzungen: Es ist wichtig, dass die Lehrkraft sich bewusst darüber ist, was sie mit bestimmten Übungen und Spielen erreichen bzw. fördern möchte. Sie sollte den Schülern ihre Ziele transparent und altersgerecht vermitteln, indem darüber gesprochen wird, wie wichtig Kommunikation ist, wie Kommunikation geht, welche Regeln beachtet werden müssen und warum und wie wichtig es ist, sich selbst verständigen zu können.

Literatur

Amorosa, H. (2008): Umschriebene Entwicklungsstörungen der Sprache. In: Herpertz-Dahlmann, B., Resch, F., Schulte-Markwort, M., Warnke, A. (Hrsg.): Entwicklungspsychiatrie – Biopsychologische Grundlagen und die Entwicklung psychischer Störungen. 2. Aufl. Schatthauer, Stuttgart, 570 – 589

Amorosa, H., Noterdaeme, M. (2003): Rezeptive Sprachstörungen. Ein Therapiemanual. Hogrefe, Göttingen

Amorosa, H., Noterdaeme, M. (2002): Effektivität der Behandlungen von Kindern mit ausgeprägten Sprachentwicklungsstörungen. In: Suchodoletz, W. von (Hrsg.): Therapie von Sprachentwicklungsstörungen. Anspruch und Realität. Kohlhammer, Stuttgart, 70 – 82

Aram, D., Ekelman, B., Nation, J. (1984): Preschoolers with Language Disorders: 10 Years Later. Journal of Speech and Hearing Research 27, 232 – 244

Baur, S., Endres, R. (1999): Kindliche Sprachverständnisstörungen. Der Umgang im Alltag und in spezifischen Fördersituationen. Die Sprachheilarbeit 44, 318 – 328

Bayerisches Staatsministerium für Unterricht und Kultus (2006): Sprache lernt man nur durch Sprechen. Bausteine zur Sprachförderung im Unterricht. Medien für Lehre und Forschung, München

Behrndt, S.-M., Koschay, E., Hoffmann, H. (2015): Das RoLeR-Trainingsprogramm (in Vorb.)

Berg, M. (2018): Kontextoptimierung im Unterricht. Praxisbausteine für die Förderung grammatischer Fähigkeiten. 3., aktual. Aufl. Ernst Reinhardt, München

Braun, O. (2002): Sprachstörungen bei Kindern und Jugendlichen. Diagnostik-Therapie-Förderung. Kohlhammer, Stuttgart

Bruner, J.S., Oliver, R.S., Greenfield, P.M. (1971): Studien zur kognitiven Entwicklung. Kohlhammer, Stuttgart

Dannenbauer, F.M. (2009): Prävention aus pädagogischer Sicht (inklusive linguistische und psychologische Perspektiven). In: Grohnfeldt, M. (Hrsg.). Lehrbuch der Sprachheilpädagogik und Logopädie. Bd. 3. Diagnostik, Prävention und Evaluation. Kohlhammer, Stuttgart, 104 – 115

DIMDI (2013): Diagnose Deutsches Institut für Medizinische Dokumentation und Information. In: https://www.dimdi.de/static/de/klassifikationen/icd/icd-10-gm/kode-suche/htmlgm2013/, 09.05.2023

Dummer-Smoch, L., Hackethal, R. (2007): Kieler Leseaufbau. Handbuch und Übungsmaterialien. Veris, Kiel

Elben, C.E., Lohaus, A. (2000): Marburger Sprachverständnistest (MSVK). Hogrefe, Göttingen

Fink, M., Schneider, R. (1994): Bewegen und Entspannen nach Musik (CD und Textheft). Verlag an der Ruhr, Mülheim an der Ruhr

Fischbach, A., Schuchardt, K., Brandenburg, J., Klesczewski, J., Balke-Melcher, C., Schmidt, C., Büttner, G., Grube, D., Mähler, C., Hasselhorn, M. (2013): Prävalenz von Lernschwächen und Lernstörungen: Zur Bedeutung der Diagnosekriterien. Lernen und Lernstörungen 2, 65–76

Fox, A. (2006): Kindliche Aussprachestörungen. Phonologischer Erwerb – Differenzialdiagnostik – Therapie. Schulz-Kirchner, Idstein

Fried, L. (2006): Expertise zu Sprachstandserhebungen für Kindergartenkinder und Schulanfänger. Eine kritische Betrachtung. Erstellt im Rahmen des Projekts „Schlüsselkompetenz Sprache – Bundesweite Recherche zu Maßnahmen und Aktivitäten im Bereich der sprachlichen Bildung und Sprachförderung in Tageseinrichtungen für Kinder". DJI München. In: https://www.dji.de/fileadmin/user_upload/bibs/271_2232_ExpertiseFried.pdf, 09.05.2023

Gieseke, T., Harbrucker, F. (1991): Wer besucht die Schule für Sprachbehinderte? – Untersuchung zur Struktur der Schülerschaft der Schulen für Sprachbehinderte in Berlin (West) zur Ermittlung von Aussagen über sonderpädagogische Interventionsvoraussetzungen. Die Sprachheilarbeit 36, 170–180

Glück, C. W. (2008): Wortschatz- und Wortfindungstest für 6- bis 10-Jährige. WWT 6–10. Elsevier, München

Glück, C. W. (2003): Semantisch-lexikalische Störungen bei Kindern und Jugendlichen. Therapieformen und ihre Wirksamkeit. Sprache Stimme Gehör 27 (3), 125–134

Glück, C. W. (1998): Kindliche Wortfindungsstörungen. P. Lang, Frankfurt am Main

Grimm, H. (2003): Störungen der Sprachentwicklung. 2. Aufl. Hogrefe, Göttingen

Grimm, H., Aktas, M., Jungmann, T., Peglow, S., Stahn, D., Wolter, E. (2004): Sprachscreening im Vorschulalter: Wie viele Kinder brauchen tatsächlich eine Sprachförderung? Frühförderung Interdisziplinär 23, 108–117

Grohnfeldt, M., Reber, K., Schönauer-Schneider, W. (2007): Sprachheilpädagogischer Unterricht – Unterrichtsprinzipien, Methoden und Unterrichtsplanung. Sonderpädagogik in Bayern 50 (3), 19–31

grundschulenachhilfe.de (o. J.): Rechenlied zum Erlernen der Fachtermini der vier Grundrechenarten. In: https://grundschule-nachhilfe.de/file.axd?file=Arbeitsblatt+85+Rechenlied.pdf, 09.05.2023

Hachul, C., Schönauer-Schneider, W. (2012): Sprachverstehen bei Kindern. Grundlagen, Diagnostik und Therapie. Urban und Fischer, München

Haffner, U. (1995): Gut reden kann ich. Das entwicklungsproximale Konzept in der Praxis. modernes lernen, Dortmund

Homburg, G. (1995): Zur Komplexität gestörter Sprache. In: Grohnfeldt, M. (Hrsg.): Sprachstörungen im sonderpädagogischen Bezugssystem. Handbuch der Sprachtherapie. Bd. 8. Spiess, Berlin, 15–37

Jahn, T. (2001): Phonologische Störungen bei Kindern. Diagnostik und Therapie. Thieme, Stuttgart

Jöcker, D. (2012): 40 schönste Kindergartenlieder (Doppel-CD und Textheft). Menschenkinder, Münster

Kannengieser, S. (2012): Sprachentwicklungsstörungen. Grundlagen, Diagnostik, Therapie. 2. Aufl. Urban und Fischer, München

Käß, S. (2010): Die Förderung des Akkusativs im Unterricht. In: Deutsche Gesellschaft für Sprachheilpädagogik: Themenheft Akkusativ, 6–10. https://lg.dgs-ev.de/fileadmin/bilder/dgs/pdf-dateien/bayern/praxisSprache/PraxisSprache2001_1.pdf, 09.05.2023

Klicpera, C., Schabmann, A., Gasteiger-Klicpera, B. (2020): Legasthenie. Modelle, Diagnose, Therapie und Förderung. 6., aktual. Aufl. Ernst Reinhardt, München

Lakomy, R. (2004): Der Traumzauberbaum und Geschichtenlieder (der Regentropfen Paule Platsch). Europa: Sony Music

Law, J., Dockrell, J., Williams, K., Seeff, B. (2004): Comparing Specialist Early Years Provision for Speech and Language Impaired Children with Mainstream Nursery Provision in the UK: An Application of the Early Childhood Environment Rating Scale (ECERS). Child: Care, Health, and Development 30, 177–184

Levelt, W.J.M. (1989): Speaking: From Intention to Articulation. MIT Press, Cambridge

Mahlau, K. (2015): Gespräche führen. In: Pompe, A. (Hrsg.): Deutsch inklusiv. Gemeinsam lernen in der Grundschule. Schneider, Baltmannsweiler, 57–69

Mahlau, K. (2016): Screening grammatischer Fähigkeiten für die 2. Klasse (SGF 2). Ernst Reinhardt, München

Marx, U., Steffen, G. (1991): Lesenlernen mit Hand und Fuß – Ein mehrdimensionaler Leselehrgang im handlungsorientierten Stationsverfahren. Persen, Bergedorf

Motsch, H.-J. (2017): Kontextoptimierung. Evidenzbasierte Intervention bei grammatischen Störungen in Therapie und Unterricht. 4., völlig überarb. Aufl. Ernst Reinhardt, München

Motsch, H.-J. (2013): Basiswissen Grammatische Störungen. Sprachförderung und Sprachtherapie 1, 2–8

Motsch, H.-J., Brüll, T. (2009): Der Wortschatz-Sammler: Interventionsstudie zum Vergleich lexikalischer Strategie- und Elaborationstherapie. Vierteljahreszeitschrift für Heilpädagogik und ihre Nachbargebiete 78, 346–347

Motsch, H.-J., Gaigulo, D., Ulrich, T. (2022): Wortschatzsammler. Evidenzbasierte Strategietherapie lexikalischer Störungen im Kindesalter. 4., überarb., Aufl. Ernst Reinhardt, München

Noterdaeme, M. (2008): Psychische Auffälligkeiten bei sprachentwicklungsgestörten Kindern. Forum für Kinder- und Jugendpsychiatrie, Psychosomatik und Psychotherapie 3, 38–49

Reber, K., Schönauer-Schneider, W. (2022): Bausteine sprachheilpädagogischen Unterrichts. 5., aktual. Aufl. Ernst Reinhardt, München

Riehemann, S. (2016): Grammatische Störungen im Kindesalter – Kontextoptimierung. Kovac, Hamburg, 157–184

Spreer, M. (2014): Versprachlichen und handlungsbegleitendes Sprechen in Unterricht und Therapie – theoretische Grundlagen. Praxis Sprache 1, 38–41

Steidl, M., Reber, K., Zinger, E. (2016): Zabulo-Indivuduelle Lernmaterialien. Paedalogis, Weiden

Steiner, H.J. (2008): Prävalenz-Forschung: Zusammenfassung der Datenlage zu Sprachauffälligkeiten bei Kindern und Schlussfolgerungen für die Praxis. In: www.logopaedie-undpraevention-hfh.ch/webautor-data/29/Praevalenz_Zusammenfassung-der-Datenlage.pdf, 19.05.2017

Suchodoletz, W. von (2010): Therapie von Sprech- und Sprachentwicklungsstörungen. In Suchodoletz, W. von (Hrsg.). Therapie von Entwicklungsstörungen. Was wirkt wirklich? Hogrefe, Göttingen, 57–87

Tack, C. (2016): Diagnostik und Therapie bei Störungen des Sprachverständnisses. Kovac, Hamburg, 211–244

Tomblin, J. B., Records, N., Buckwalter, P., Zhang, X., Smith, E., O'Brien, M. (1997): Prevalence of Specific Language Impairment in Kindergarden Children. Journal of Speech, Language and Hearing Research 40, 1245–1260

Troßbach-Neuner, E. (2006): Sprachförderung in der Grundschule – für manche Kinder notwendig, für alle hilfreich. Rundbrief für Mitarbeiterinnen und Mitarbeiter in den mobilen sonderpädagogischen Diensten, Nr. 7, Regierung von Oberbayern, 9–20

Ulrich, T., Schneggenburger, K. (2012): Lexikalische Strategietherapie für Vorschulkinder mit dem „Wortschatzsammler". Sprachförderung und Sprachtherapie 2, 63–71

Weinrich, M. (2013): Kindliche Aussprachestörungen, Sprachförderung und Sprachtherapie 3, 146–152

Zuckowski, R. (2008): Rolfs Liederkalender/Die Jahresuhr. Universal Music Family Entertainment: Universal Music GmbH

Sachregister

Passwort für die Online-Zusatzmaterialien
Das Passwort zum Öffnen der Online-Zusatzmaterialien zum Buch lautet:
Raupe2Raupe
Bitte geben Sie das Passwort nicht weiter!